명상이 나에게

명상이 나에게

이근상 지음

mons
몬스북

**내 머릿속 원숭이들과
잘 지내는 일**

차례

1	부정맥과 명상	5
2	우리의 불쌍한 친구, '뇌'	11
3	나의 스승, '아잔 브람'	17
4	두 번째 화살	23
5	호흡에 집중	30
6	머릿속 원숭이의 정체	36
7	나이 듦에 대하여	42
8	'나'라는 게스트 하우스	48
9	마음이 책으로 만들어지나요	54
10	채식 3년	61
11	식탁을 떠나는 순간	67
12	기상 캐스터처럼	74
13	달리기와 명상	80
14	주문진 바다 1	86
15	주문진 바다 2	90
16	사람이 바뀝니까	95
17	얼굴빛이 달라요	101
18	윤 교수님, 거기선 명상하세요?	107
19	밥 먹기 명상	113
20	마음이 바쁜 겁니다	119
21	명상, 별것 아닙니다	124
22	슬픈 메뉴, 짬짜면	129
23	몰입이 주는 기쁨	135
24	FOMO 극복하기	141
25	빚지고 살지 않는 방법	147
26	치과에서	154
27	설거지, 청소, 세차 그리고 명상	159
28	바닷물 마시기	165
29	일어서려고 너무 애쓰지 마	171
부록	당신의 명상을 도와줄 수 있는 것들	177

1

부정맥과 명상

7년 전쯤 부정맥 판정을 받았다. 이렇게 거창한 이름이 붙은 병이 내게 찾아오는 일은 아버지가 나 모르는 거액의 유산을 남겨놓으셨다는 스토리만큼 나와는 무관한 일이라 여기며 살았기에, 받아들이기 쉽지 않았다. 게다가 (나중에 알고 보니) 철저한 금주론자인 당시 의사 선생님께서 "앞으로 술은 한 방울도 안 됩니다!"라는 청천벽력 같은 선고를 내리신 터라 가슴속에서 치밀어 오르는 알 수 없는 느꺼움이 더해지며, 현실로 받아들이기까지는 시간이 꽤 걸렸다.

마치 나에게 잘못 배달된 병명을 조만간 반송이라도 할 것처럼 몇 주를 보냈다. 병이 나에게 왔다는 현실감이 생긴 것은 쇼핑백 가득 약을 받아 들고 약국을 나서면서부터였다. '앞으로 술은 한 방울도 안 된다'는 의사 선생님의 지침이 무리한 것이라는 증거를 찾기 위해 구글과 네이버를 샅샅이 뒤졌다. '된다'라는 결과를 염두에 둔 주관적 검색의 결과, 부정맥과 음주와의 완벽한 상관관계를 증명하기는 힘들 수도 있다는 몇 줄의 문장을 찾아내긴 했지만, 검색의 부작용으로 '커피를 멀리하는 것이 좋다'는 혹을 얻었다. 하루에도 '물 적게 넣은' 아메리카노를 서너 잔 이상 마셔온 인간에게 이 역시 중형 선고에 해당되었다. 아무런 과학적

근거도 없이 타협점을 만들었다. 술은 줄인다. 대신 커피는 끊어본다.

내가 사는 동네에 티하우스가 있다는 사실은 알고 있었지만, 단 한 번도 차를 마시러 가봐야 하겠다는 생각을 한 적이 없었다. 나와는 별 관련이 없는 부정맥 같은 존재였다. 어느 토요일, '커피 대신 차를 마시겠다'는 결심을 실행에 옮기기 위해 그 티하우스의 문을 열고 들어갔고, 수십만 원어치의 다구와 차를 사 가지고 나왔다. 다인茶人이 되기로 결심했다. 티 클래스에 참가해 차 공부도 했다. 커피를 끊을 수 있을 만큼의 매력적인 일이었다. 얼마 지나지 않아 새벽에 일어나 물을 끓이고 차판을 펼쳐 차를 우려 마시는 일이 일상이 되었다.

차 마시기는 나의 생활을 조금씩 바꾸기 시작했다. 커피가 각성이라면, 차는 침잠이었다. 커피를 내리려면 재주가 필요했지만, 차를 우리기 위해서는 정성이 중요했다. 무언가를 가까이하기 시작하면 '그런' 사람들을 만나기 마련이다. 차의 경우도 예외가 아니었다. 아주 비싼 보이차를 즐겨 마시는 사람도 만났고, 차 같은 생활을 하는 사람들, 예를 들자면 채식주의, 미니멀리즘, 요가와 같은 것을 실천하며 사는 분들을 접하는 기회가 늘어났다. 다행히 보이차는 썩 입맛에 맞지 않아 '이 보이숙차가 얼마짜립네' 하는 대화의 자리는 멀리하였지만, 육식이나 소유욕 같은 것들을 내려놓고 사는 이야기에는 점점 관심을 갖게 되었다.

그런 일들을 따라 하기 시작했다. 나이가 꽤 들어서야 삶을 어떻게 사는 것이 의미 있는가를 깨닫게 된 느낌이었다. 옷장의 절반 이상을 비워냈다. 수납장의 불필요한 그릇들도 덜어내고, 다시 읽지 않고 책장을 차지하고만 있던 책들을 중고 서점에 팔았다. 삶이 한결 가벼워졌다. 몸무게가 줄기 시작하면 운동 욕구가 상승하듯, 삶의 무게를 덜어내니 더 의미 있는 무언가를 하고 싶은 마음이 커졌다. 일주일에 하루를 채식의 날로 정했다. 삼시 세끼 고기가 없으면 식사의 낙을 찾지 못하던 인간에게 가히 혁명적인 변화가 시작되었다. 이런 변화에 기름을 붓는 역할을 한 것은 인스타그램이었다. 비슷한 라이프스타일을 사는 인스타그램 친구들이 늘어나게 되었고, 그들을 통해 내가 하고 있는 일들이 옳다는 확신이 생겼다. 그들의 추천으로 관련된 콘텐츠를 보거나, 새로운 활동도 시작하게 되었다.

넷플릭스에서 본 다큐멘터리 〈더 게임 체인저스〉와 그 영향으로 읽게 된 제레미 리프킨의 『육식의 종말』은 나를 3년간의 채식주의 생활로 인도했다. 완벽한 미니멀리즘까지는 아니더라도 많은 것을 덜어내고 살려고 애쓰게 되었다. 자동차 사용도 가급적이면 줄이고, 장바구니를 들고 다니기 시작했다.

이즈음 생긴 인스타그램 친구 중에 명상이나 요가 관련자들이 있었다. 관심은 있었지만 상위 1퍼센트의 비유연성을 자랑하는 신체 특성상 요가는 엄두가 나지 않았고, 명상에 호기심은 갖고 있었지만 어떻게 시작해야 할지 몰라 '언젠가' 리스트에 올려만 놓고 있던 차였다. 그 '언젠가'의 날은 곧 왔다. 반나절 동안 진행되는 리트릿 프로그램에 참가 신청을 했다. 명상과 간단한 요가 그리고 채식 점심으로 구성된 프로그램이었다. 스무 명이 채 안 되는 소규모 인원이 모인 리트릿retreat(일상에서 벗어나 집중적인 명상, 휴식, 창작, 조직 활동 등을 하는 시간)은 서울 삼청동의 한옥 공간에서 진행되었는데, 한 시간 정도의 명상 세션이 끝나자 몇몇 참가자는 울음을 터뜨리기도 했다. 나도 뭔가 무거운 짐을 내려놓은 듯한 홀가분함에 하마터면 따라 울 뻔했다.

그렇게 명상은 부정맥 진단에서 시작해 꼬리에 꼬리를 물고 내게 왔다. 세상일이 다 이런 것 같다. 어떤 일의 원인은 멀리 있는 경우가 대부분이다. 길 위에서 일어난 접촉 사고는 급작스레 차선 변경을 해 끼어든 차가 직접적인 원인처럼 보이지만, 그 차 앞으로 갑자기 끼어든 또 다른 차가 이전 원인 제공자이고, 그렇게 끼어든 차의 운전자는 새벽 축구 중계 시청 탓에 잠시 졸음운전을 했기 때문일 수 있다. 바삐 살다 보면 멀리 있는 원인에 대해 생각할 겨를이 없다. 그러니 눈앞의 원인만 바라본다. 대증적 처치만 하고 살기에도 바쁘다. 중요한 회의에서 버럭 화를 내며 잘 진행되어 오던 프로젝트를 망친 경우, 나를 화나게 만든 상대방에게서 그 원인을 찾는다. 일단 책임을 돌릴 대상을 찾아 '내 잘못은 아니었어.'라고 자위한다고 어떤 문제도 해결되지 않는다. '버럭 화'의 원인은 당신이 잘 알지 못하는 아주 먼 곳에서 시작되었을 수 있다. 당신이 잘 알지 못하는 아주 먼 곳이 명상의 출발점이다.

2

우리의 불쌍한 친구, '뇌'

아이디어가 나와야만 일이 마무리되는 직업을 갖고 있다 보니, 회의가 밥벌이의 주 수단이다. 프로젝트마다 좀 다르긴 하지만, 하나의 프로젝트를 위한 아이디어를 완성하려면 한 달 정도 걸린다. 기승전결의 과정을 거치는 회의는 3주 차쯤 되면 분위기가 아슬아슬해진다. 모두들 신경이 날카로워지는 타이밍이다. '이때 조심해야 한다.'는 걸 너무나 잘 알지만 꼭 누군가는 다른 누군가의 신경을 건드린다. 이성적으로 진행되(는 것처럼 보이)던 토론은 어느 순간 국회 상임위원회 현장을 방불케 하는 분위기가 된다. 이날의 주인공은 나였다. 내 아이디어에 대한 누군가의 반대가 신경을 심하게 건드렸다. 처음에는 논리적으로 시작되었던 설전은 자기 상승 곡선을 타고 결국 핏대로 변질되었다. 회의실은 급속 냉각. 하지만 회의가 끝나기도 전에 나의 미성숙한 회의 태도에 대한 후회가 밀려온다. '그게 그렇게 화를 낼 일이었어?'

이런 내 모습을 보며 회의실 안의 몇 명은 분명 '저 사람, 컨디션이 안 좋은 날이군.'이라고 속으로 중얼거렸을 것이다. 그렇다. 잠을 설친 것이 문제였다. 그 출발은 전날 다른 일 때문에 받았던 스트레스였다. 잠을 잘 자는 편에 속하지만, 생각이 많을 때에는 꿈을 꾼다. 전날에도 비행기를 놓치는 꿈을 꾸었다. 마음 상태가 불안정할 때 주로 꾸는 초조몽焦燥夢 2종 세트 중 하나이다. (다른 하나는 출석을 전혀 하지 않았던 과목의 기말고사를 보는 꿈이다.) 아침에 깨고 나니 마음이 사막이다. 이렇게 하루를 시작하면 모든 것이 곱게 보이지 않는다. 아침 시간에 양쪽 엘리베이터를 다 눌러 놓은 9층 인간을 찾아내 한마디 해주고 싶은 훈계 본능이 꿈틀거리고, 좌회전 신호로 바뀌었는데도 출발하지 않고 있는 앞차를 향해 결국 분노의 경고음을 날려 버린다. 사막처럼 까칠한 마음을 그대로 유지한 채 회의에 들어간 것이다.

원효 대사의 일화로 알려진 '일체유심조一切唯心造'. 세상 모든 일은 마음이 만드는 것이란다. 만약 내가 전날 밤에 비행기를 놓치는 꿈에 시달리지 않고 평소처럼 숙면을 취했다면 마음의 습도는 평상 레벨을 유지했을 것이고, 그런 마음으로 9층 사시는 분의 출근길 급한 마음을 헤아렸을 것이며, 급한 카톡에 답하느라 출발이 늦은 앞차를 조금 느긋한 마음으로 기다려 줬을 것이다. 세상은 똑같이 돌아가는데, 달라진 것은 내 마음이다.

    세상 모든 일을 만든다는 '마음'이란 건 도대체 무엇인가? 우리가 마음이라 인지하는 것은 모두 뇌가 저지르는 일이다. "자라 보고 놀란 가슴, 솥뚜껑 보고 놀란다."라는 속담을 생각해 보자. 자라에게 물렸던, 또는 그런 광경을 목격했던 기억 정보는 뇌 속 어딘가 저장될 것이다. 그렇게 저장된 정보는 솥뚜껑을 자라의 모습이라고 착각하는 순간 튀어나오게 되고, 자라라는 키워드 검색은 손을 물렸던 장면과 고통스러워하는 순간 등의 정보를 연달아 끌고 나오면서 두려움이라는 마음 상태를 만드는 것이다. 이렇게 뇌에 저장된 다양한 정보가 자동으로 서핑되면서 분노, 흥분, 걱정, 우울 등의 마음이 만들어진다.

    문제는 수많은 정보 중에서 어떤 것을 꺼내서 무엇과 연결시킬 것인가는 뇌의 컨디션에 달려 있다는 사실이다. 우리의 다른 신체가 기능하는 원리와 같이 뇌도 건강한 상태에서는 긍정적인 결과를 만들어내고, 피곤한 상태에서는 부정적인 정보들을 조합할 가능성이 크다. 결론적으로 이야기하자면, 뇌가 건강하면 우리는 일상생활에서 보다 긍정적이고 창의적인 생각을 할 가능성이 커지고, 피곤한 뇌의 상태에서는 부정적이고 비관적인 판단을 할 확률이 높아진다.

긍정적이고 생산적인 사고를 하기 위해서는 뇌를 건강한 상태로 유지하는 일이 중요하다. 문제는 '어떻게'이다. 우리 몸의 다른 신체 부위와 뇌는 크게 두 가지 측면에서 다르다. 일단 에너지 소모량이 크다. 성인의 뇌는 1.2~1.4킬로그램 정도로 몸무게에서 차지하는 비중은 2퍼센트가량인 데 반해 에너지 소모량은 전체의 20퍼센트를 넘는다고 한다. 그러니 다른 신체 부위에 비해 쉽게 피곤해진다. 그리고 뇌에는 확실한 휴식 모드가 없다. 다른 신체 부위는 사용하지 않음으로써 절전 기능을 수행할 수 있지만, 뇌의 경우는 그렇지 않다. 잠이 최선의 휴식 방법인데, 꿈이 완전한 휴식을 방해한다. 때론 더 지치게 만들기도 한다. 가장 에너지를 많이 쓰는데 꺼짐 기능이 없다면 어떻게 해야 할까?

우리를 위해 가장 애쓰면서도 제대로 쉬지 못하는 불쌍한 친구, 뇌에게 해줄 수 있는 최선의 방책이 바로 명상이다. 휴식하지 못하는 뇌는 두 가지 일 중 하나를 늘 수행한다. 하나는 사고이고, 또 다른 하나는 인지이다. 사고에 비해 인지는 에너지 소모량이 적다. 복잡한 사고를 위해 뇌의 기능을 사용하게 하는 대신, 조금 더 편안한 인지의 기능을 작동시키는 것이 명상이다.

눈앞에 있는 컵을 바라본다고 상상해 보자. 그 컵을 바라보며 컵과 관련된 지난 일들을 떠올려 보자. 그 순간, 생각은 꼬리를 물고 상상하지 못했던 곳으로 당신을 데려갈 것이다. 이번엔 그 컵을 있는 그대로 관찰해 보자. 컵의 색깔, 크기, 모양 등을 그저 바라본다. 전자가 사고이고 후자가 인지이다. 명상은 사고를 최대한 억제하고 인지에 더 많은 시간을 쓰게 하는 것이다. 그래서 명상 강좌는 늘 이렇게 진행된다. "자, 이제 호흡에 집중합니다." 그렇다, 호흡에 집중하는 것만으로도 우리의 불쌍한 친구, 뇌에게 귀중한 휴식을 줄 수 있는 것이다. 그게 가능하냐고? 해보면 알게 된다.

3

나의 스승, '아잔 브람'

반나절 동안의 리트릿을 다녀온 이후로 명상을 본격적으로 하겠다고 마음을 먹었는데, 어떻게 시작을 해야 할지 감이 잡히지 않았다. 주변에 물어볼 사람도 마땅치 않았고, 명상법을 알려주는 가까운 명상원을 찾기도 쉽지 않았다. 명상을 함께 진행하는 요가원도 있긴 하지만, 대부분이 요가 후에 하는 부록 같은 것이어서 명상만을 원하는 나에게는 그 역시 답이 아니었다. 리트릿에서 해봤던 명상법을 교과서로 삼기에는 너무 짧은 경험이었고, 명상에 관한 책을 고르는 일 역시 기초 지식 없이는 눈 감고 문고리 찾는 것 같은 일이었다.

일이 되려면 어느 순간 누군가를 만나게 된다. 좀 더 정확하게 말하자면, 무언가를 하고자 하는 의지가 강하면 그 일에 필요한 것들이 눈에 들어온다. 두리번거림의 결과이다. 명상의 경우에도 그렇게 첫 스승을 만나게 되었다. 아잔 브람, 또는 아잔 브라흐마라고 불리는 스님이다. 영국 출신의 승려로 케임브리지 대학교에서 물리학을 전공하고 태국으로 건너가 23세에 불교에 귀의한 명상의 대가이다. 이렇게 저명한 분을 어떻게 만났냐고? 온라인에서의 두리번거림 덕분이었다. 나의 유튜브 알고리즘은 이분의 강연 영상을 내게 제안했고, 첫 영상을 보자마자 나는 이분의 제자가 되기로 결심했다.

내 마음을 흔들었던 그의 첫 번째 이야기는 아주 간단한 것이었다. 대담 중에 오렌지 주스가 들어 있는 컵을 테이블에서 들어 올리며, 특유의 느린 영어로 청중에게 질문을 던진다. "이 오렌지 주스의 무게는 얼마일까요?" 잠시 후 그가 알려준 답은 "얼마나 오래 들고 있는가에 따라 느껴지는 무게가 달라진다."였다. 들고 있는 시간이 길어질수록 팔이 느끼는 고통이 커지는 것은 너무나 당연한 이야기였는데, 나에게는 이 당연한 이야기가 무척 흥미롭게 다가왔다. "팔이 느끼는 고통이 커지면 어떻게 해야 하겠냐?"고 그는 다시 묻는다. 오렌지 주스가 든 컵을 내려놓으며 이렇게 스스로 답한다. "Put it down." 이 뻔한 한마디가 강편치가 되어 마음을 내려친다. 30초쯤 쉰 후 컵을 들면 다시 가벼워진다는 말을 덧붙인다.

이렇게 첫 영상을 통해 아잔 브람을 스승으로 모시자마자 유튜브의 알고리즘은 두 번째 영상을 바로 소개해 주었다. 두 개의 무거운 여행 가방을 양손에 들고 오랜 시간 걸어가는 자신의 모습을 상상해 보라 한다. 실제로 공항에서 겪었던 일을 떠올리며 상상을 해

본다. 팔이 아프고 어깨가 빠질 것 같은 모습이 떠오른다. 잠시 후 그는 두 개의 여행 가방의 정체에 대해 알려준다. 왼손에 들고 있는 것에는 (영어로) 네 글자가 써 있는데, 그 가방의 이름은 '과거(past)'라는 것이다. 오른쪽 가방에는 '미래(future)'라는 이름표가 붙어 있다. 별 재미도 없는 이 비유는 쇠망치가 되어 내 머리를 내리쳤다. 수십 년간의 좋고 나쁜 기억들을 가방에 가득 넣어 들고 다닌 지난 시간과, 다가올 미래에 대해 가지고 있는 온갖 염려와 두려움 같은 것들로 꽉 찬 또 하나의 가방을 내려놓지 못했던 인생 궤적을 처음으로 돌아보게 된 것이다. 그는 두 가방에 대한 설명에 이어 그것들을 내려놓는 상상을 해보라고 한다. 그러고 나서 척추를 펴고 똑바로 서서 편안한 순간을 느끼는 모습을 그려보라고 한다. 그러면서 이렇게 이야기한다. "과거와 미래 사이에 있는 지금 이 순간, 즉 현재를 편안하게 즐기라."

아잔 브람의 영상 두 개를 보고 한동안 멍하니 앉아 나를 돌아보았다. 늘 지나간 일에 대한 미련이나 후회, 아니면 다가올 일들에 대한 걱정이나 조바심을 위해 나에게 주어진 시간들을 써오지 않았던가. 아니면 과

거사에 대한 무용담을 늘어놓거나 미래 지향적 인간으로 살기 위한 계획을 세우는 데 에너지를 쏟았을 뿐이었다. 현재라는 순간은 '현재'라고 타이핑을 하는 이 순간 흘러가 버린다. 한순간이라도 '현재'에 편안히 머물렀던 적이 있었나 싶었다. 게다가 열심히 일한다는 미명 아래 내가 하는 일의 '오렌지 주스 컵'을 얼마나 오랫동안 들고 있었던가. 그것을 견뎌내지 못하면 의지박약자나 실패자로 낙인 찍히지 않을까 조바심 내지 않았던가.

스승님의 영상 두 편을 보고 나니, 명상에 눈을 뜨는 느낌이 드는 동시에 볼만한 콘텐츠들이 눈에 띄기 시작했다. 아잔 브람 선생님의 명상법과 추천 콘텐츠의 명상법을 참고하며 매일 아침 명상을 시작했다. '캄 Calm'이라는 명상 앱을 깔고 연회비를 결제했다. 명상을 생활에 들이고 나서 알게 된 사실인데, 나의 책꽂이 안에는 이미 명상과 관련된 책 한 권이 꽂혀 있었다. 틱낫한 스님이 쓰신 『화anger』라는 책이었다. 이전 직장을 그만둘 때 누군가가 화가 많던 나에게 선물한 책이었다. 함께 일할 때는 차마 하지 못했던 이야기를 이별의 선물을 통해 해주고 싶었던 모양이다. 그 책을 꺼내 다시 읽어보았다. 화를 주제로 쓴 명상의 교과서 같은 책이었다. 아무 생각 없이 읽었을 때는 눈에 들어오지 않았던 내용들이 빛이 되어 마음에 쏟아져 내렸다. 나에게 명상 관련 책을 추천해 달라는 지인들에게 나름 큰 울림을 얻었던 책들을 소개해 주면, 대부분 "무슨 말인지 잘 모르겠던데?"라는 불만 섞인 반응을 보이곤 한다. 명상에 대한 이해가 없는 상태라, 아마도 내가 20년 전쯤 틱낫한 스님의 책을 '그저 읽었을' 때와 같은 기분일 거라 생각하며, 나의 스승을 그들에게 소개해 준다. "아잔 브람의 유튜브부터 보세요."

4

두 번째 화살

친구가 많지 않아서 만남의 종류가 그리 다양한 편이 아니다. 가까운 사람만 자주 만나다 보니 속 깊은 이야기를 나눌 기회가 늘어난다. 만남에서 연장자인 경우가 대부분이어서 나의 이야기를 털어놓기보다 상대방의 푸념이나 고민 같은 것들을 들어주는 역할을 주로 하게 된다. 이런 고민 상담의 첫 번째 원칙은 일단 공감하며 들어주는 것이다. 그런데 그게 생각처럼 쉽지 않다. 듣다 보면 상담자가 어떤 부분을 잘못 생각하고 있는지, 그의 처신에서 아쉬운 부분이 어떤 것인지 보이기 시작한다. 결국 끝까지 들어주지 못하고 "그런데 말이다……" 하며 말을 끊어버린다.

그들이 늘어놓는 푸념이나 고민의 내용은 각양각색이지만, 주제는 아침 드라마의 스토리 전개처럼 거기서 거기다. 상대방이 내 마음처럼 되지 않아 화가 나거나, 스트레스가 쌓인다는 것이다. 아니면 돈 문제나 업무와 관련된 일이 뜻대로 풀리지 않아 힘들다는 내용이 중간중간 등장하기도 한다. 내 마음대로 행동하지 않는 상대방을 어떻게 했으면 좋을지, 갚기로 한 돈을 갚기는커녕 뒤에서 자신을 음해하고 다니는 친구를 어떻게 혼내 줘야 하는지 같은 것들이 상담의 내용이다. 내 입에서 '그런 경우에는 고소를 해버려. 진짜 나쁜 친구네.'와 같은 동조성 조언을 구하는 표정이 역력하다. 그런 얼굴에 대고 "그런데 말이다……"라고 해 버리니, 상담자의 고민을 해결해 주기는커녕 화를 키워버린다. 조언이랍시고 시작한 말이 끝나기도 전에 분노의 대상이 돈 떼먹은 놈에서 나로 바뀐다.

상담자가 처한 상황이 어떠하든 나의 조언은 크게 다르지 않다. '이미 벌어진 일이다. 그런 상황에서 상대방을 탓한다고 무엇이 달라지겠는가. 받아들여라. 내가 나를 바꾸는 일도 힘든데 어찌 남을 바꾸겠는가. 바꿀 수 없는 남 때문에 화를 키우는 것은 도움이 되지 않는다.' 대충 이런 내용이다. 이런 조언 같지 않은 조언에 대한 반응은 대략 두 가지이다. 표현은 조금 다르지만, '그럼 이게 다 내 잘못이란 말입니까?'나 '이렇게 화라도 내지 않으면 어떻게 삽니까?'라는 항의성 반문이다. 분노 게이지가 상승하고 있는 상담자를 볼 때마다 나의 어줍지 않은 조언 방식을 반성하지만, 그렇다고 해서 '생각해 보니 그놈이 죽일 놈일세.'라며 맞장구칠 일은 절대 아니라고 생각한다. 상담자가 두 번째 화살을 맞도록 방관할 수는 없지 않은가?

두 번째 화살이라니? 예견할 수 없는 패턴으로 길흉화복이 반복되는 우리네 삶에서 흥과 화의 화살을 피하며 살기는 어렵다. 선의로 뱉은 말에 발끈하며 20년 우정을 끊어버리자는 친구, 한 달 이상 고생해 준비한 프로젝트를 비전문가적인 즉흥적 발상으로 뭉개버리는 상사, 그 돈 없으면 당장 죽을 것 같아 고이 모셔 둔 비상금 5백만 원을 빌려줬더니 1년이 지났는데도 갚을 의사가 없어 보이는 후배. 빈도의 차이가 있을지언정 용빼는 재주가 없는 장삼이사들은 흥과 화의 화살을 맞으며 살 수밖에 없다. 그다음이 문제다. 술자리에서 절교를 선언한 친구, 프로젝트를 말아먹는 상사, 철면피 후배를 씹어봤자 뭐가 달라지겠는가? 그런 뒷담화가 그들을 바꿀 수 있을까? 유일하게 일어나는 변화는 자신의 화가 더 커진다는 사실이다. 그것이 바로 두 번째 화살이다. 첫 번째 화살을 맞고 좀 아프더라도 쏙 뽑아버리고(나서 소독약 좀 바르고) 다음 스텝을 밟으면 될 일을, 화살 맞은 자리에 자신이 화살을 하나 더 쏴버리는 꼴이다. 그렇게 남에게 떠벌리고 나서 수그러드는 화를 본 적이 있던가? 배설되는 척하면서 마음 한구석에 저장된다. 잠복해 있는 동안 힘을 키워 나중에 더 큰 화가 되어 튀어나온다. 이런 식의 대응은 사적 복수로 사필귀정을 구현하는 할리우드 영화의 탓이 크다고 본다. 그런 일은 가능하지도 않고, 가능해서도 안 된다. 어떤 첫 번째 화살도 '없던 일'이 될 수는 없다. 상처를 최소화하는 것이 상책이다.

복잡하거나 어려운 논리가 아니다. 해가 서쪽에서 뜨길 바라는 마음이 아무리 간절해도 그런 일은 일어나지 않듯, 상대방의 생각이나 태도가 바뀌길 바라봐야 그런 변화가 생길 확률은 희박하다. 책을 읽지 않는 아이가 못마땅해서 귀가 따갑도록 독서를 권유, 강요, 압박해도 그런 변화는 쉽게 일어나지 않는다. 어떻게 하는 것이 상책이겠는가? 독서 대신 아이가 흥미를 가질 만한 다른 일을 찾든지, 정 책 읽는 모습이 보고 싶으면 부모가 먼저 책을 읽기 시작해야 한다. 말귀를 못 알아듣는 센스가 부족한 남편이 못마땅해 하고한 날 잔소리를 해봐야 속이 터지는 것은 부인이다. 소 귀에 대고 경을 읽는 사람이 한 생각 고쳐먹는 것이 현명한 대처법이다.

상식적으로 생각해 보면 자명한 일이건만, 이런 일이 자신에게 일어나게 되면 상황이 달라진다. 말을 함부로 하는 직장 동료에게 무슨 말을 한들 수십 년 된 그의 언어 습관이 바뀌겠는가? 결국 회식 자리에서 폭발해 버리거나 생각이 비슷한 동료와 그 친구를 씹어본들 내 뜻대로 그가 변할 리 없다. 오히려 비난의 역공을 받을 수도 있다. 쉽게 말해 '나만 손해'다. 이렇게 첫 번째 화살 맞은 자리에 두 번째 화살을 스스로 꽂아버린다.

그렇다면 어떻게 해야 할까? 답은 단 하나다. 세상이 내 뜻대로 돌아가길 바라는 마음을 내려놓으면 된다. 속도가 느린 엘리베이터와 싸우려 들지 말라. 바쁜 내 사정에 맞춰 엘리베이터가 업그레이드되는 일은 일어나지 않는다. 빨리 가야 한다는 내 마음을 바꾸면 된다. 느긋해지면 된다. 미팅에 늦었다는 첫 번째 화살은 이미 맞았다. 아무리 자기 마음을 들볶아도 일어난 일을 되돌릴 수는 없다. 짜증이 가득한 상태로 미팅에 늦게 참석하는 두 번째 화살은 피하는 것이 현명하지 않겠는가?

명상은 생각의 속도를 늦춰 준다. 생각의 속도가 느려지면 시간을 길게 쓸 수 있다. 좀 더 정확하게 말하자면, 생각과 생각의 사이가 길어지고 그 사이를 충분히 알아차릴 수 있게 된다. 첫 번째 화살의 상처를 객관적으로 바라볼 수 있는 시간적 여유와, 성급하게 두 번째 화살을 자신을 향해 쏘는 대신 상대방에 대한 집착을 내려놓을 수 있는 정신적 여유를 가질 수 있게 해준다. 명상이 최선의 호신술인 셈이다.

5

호흡에 집중

명상 앱을 깔고 새벽 명상을 시작했다. 그런데 뭐가 좀 이상했다. 10분짜리 가이드 명상 프로그램의 주제는 매일 바뀌는데, 방법은 늘 똑같다. 우울함에 대한 명상도, 불안함에 대한 명상도, 집중력 향상을 위한 명상도 앞부분은 항상 "자세를 바르게 하고, 호흡에 집중합니다."로 시작해서 7~8분 정도를 숨쉬기만 하는 것이었다. 하다 보면 뭔가 새로운 방법이 나오겠지 싶어서 1주일 이상을 계속했지만 변화는 없었다. 일 년 치 연회비를 이미 결제했으니 무를 수도 없는 노릇이었다. 제대로 된 길을 놔두고 혼자만 길을 잃은 것 같은 기분이었다. 나중에 명상 고수들로부터 '아니 왜 하필이면 그 앱을 써요? 명상은 그렇게 하는 게 아니죠.'라는 지적을 받을 것 같은 걱정이 들기 시작했다.

나의 명상 스승 아잔 브람을 만나 뵈었던 유튜브에 도움을 청했다. '명상법'을 치고 들어가니 갖가지 명상 관련 콘텐츠가 올라온다. '분명 다른 방법이 있을 거야.'라는 확증 편향을 가지고 콘텐츠를 뒤졌지만 다 거기서 거기다. 모두 '호흡에 집중'하란다. 결국 내가 하고 있는 방법이 잘못되었다는 증거를 찾지 못했다. 연회비를 날린 것도, 혼자 엉뚱한 길에서 헤매고 있던 것도 아니니 일단 다행이었다. 소득도 있었다. 왜 그렇게 하는지 이해하게 되었다.

결론적으로 말하자면, 명상과 호흡은 떼어낼 수 없는 짝 같은 관계이다. 나처럼 생활 명상을 하는 사람들, 즉 명상의 목적이 득도와 같은 거창한 것이 아니라 건강한 뇌의 상태로 살기 위함인 사람들에게 호흡에 집중하는 것은 피곤한 뇌를 편안하게 만드는 최고의 기본기이다. 죽기 전에는 작동을 멈출 수 없는 뇌가 할 수 있는 일은 부지런히 생각을 하거나 차분히 인지하는 두 가지로 구분된다. 그중 에너지를 적게 쓰는 인지에 더 많은 시간을 쓰도록 하는 것이 뇌를 편안하게 만드는 기본이고, 인지 중에서 자신의 호흡에 집중하는 방법이 기본이자 최선이다.

물론 에너지 소모량이 많은 사고 대신 인지를 위해 뇌가 작동하도록 하는 방법은 '호흡에 집중' 말고도 여러 가지가 있다. 눈을 뜨고 눈앞의 사물이나 경관 등을 바라보거나, 주변의 소리나 냄새를 알아차리는 명상법도 많이 쓰이는 방법이다. 하지만 내 경험에 비추어 보면 이런 방법들은 초보 명상자들에게는 쉽지 않다. 눈앞의 사물이나 소리, 냄새 등은 '생각하기'로 이어질

단초를 제공할 가능성이 크다. 조용한 숲속에 앉아 가벼운 바람에 이파리를 기분 좋게 흔들고 있는 느티나무 한 그루를 바라본다고 상상해 보자. 나무에 집중하고 싶지만 흔들리는 나뭇잎, 나뭇가지에 날아온 종달새, 나무둥치를 타고 올라가는 청솔모 한 마리 등이 명상자를 내버려두지 않는다. 뇌의 기억 저장소에 머물러 있던 갖가지 추억들을 불러내고, 일단 소환된 추억이나 정보는 그와 관련된 다른 것들을 끄집어낸다. 자신도 모르는 사이에 뇌는 느티나무와는 전혀 상관도 없는 샌프란시스코까지 가버린다(느티나무, 춤추는 나뭇잎, 리듬감, 오늘 아침 라디오에서 들었던 팝송의 한 대목, 그 노래 제목이 뭐더라……, 아 샌프란시스코 뭐였는데, 이런 식의 꼬리 물기를 통해서).

멍 때리기와 명상은 좀 다르다. 불멍, 물멍과 같은 멍 때리기를 힐링의 방법이라고 생각하지만, 사실 뇌가 쉬고 있는 것이 아닐 수 있다. 장작이 타들어 가는 모습이나 처마를 타고 흘러내리는 빗물을 넋을 놓고 바라보면서 복잡한 현실을 벗어나 타임머신을 타고 과거나 미래로 여행을 하는 것이 기분 전환을 하는 데 도움이 될지는 모르지만, 기분 전환을 위해 뇌는 또 일을 해야 한다.

반면에 '호흡에 집중'하는 일은 '다른 곳으로 샐' 가능성을 최소화하는 방법이다. 코끝으로 들숨을 알아차리고, 가볍게 벌린 입술로 더워진 날숨을 알아차리는 것에 집중하게 되면 뇌는 오롯이 '알아차리기'에만 에너지를 쓰게 된다. 물론 호흡에 집중하는 동안에도 의도하지 않은 생각이 쳐들어온다. 하지만 그 경로가 단순해서 호흡으로 되돌아오는 일이 비교적 쉽다.

호흡에 집중하는 것이 최고의 기본기인 또 다른 이유는 호흡이 우리의 몸과 마음을 연결시켜 주는 고리이기 때문이다. 이 말은 과학적 뒷받침 없이도 우리의 일상적인 경험을 통해 직관적으로 어느 정도 증명이 된다. 평소에도 말투가 마음에 들지 않던 직장 동료가 면전에서 속을 뒤집는 말을 꺼내면 흥분하지 않을 수 없다. 이때 우리에게 어떤 변화가 일어나는가? 손이 부들부들 떨리기 시작하면서, 얼굴이 붉게 달아오르고, 호흡이 가빠진다. 어떤 현상이 먼저인지는 중요하지 않다. 웃는 얼굴을 유지하면서 호흡만 가빠지는 일은 일어나지 않으며, 귀가 타오를 듯 빨갛게 변하는 가운데 호흡의 평정심을 유지하는 일도 불가능하다. 몸과 마음과 호흡이 연결되어 있기 때문이다. 순서보다 중요한 사실은 호흡이 그 중심에 있다는 것이다. 분노가 치밀어 오르거나 프레젠테이션 직전 긴장감이 진정되지 않을 때 하게 되는 심호흡이 그 증거이다. 심호흡 몇 번 하고 푸른 하늘을 올려다보면 완전하지는 않아도 응급 조치는 된다. 깊게 몇 번 호흡을 하고 나면 마음이 가라앉으면서 몸에서 일어났던 반응들도 수그러들기 시작한다.

살아 있는 한 호흡은 멈추지 않는다. 자신이 '지금' '살아' 있다는 가장 명확한 증거인 호흡을 무의식적으로 하며 산다. 이 말을 뒤집어 보면, 호흡을 의식적으로 한다는 것은 자신이 '지금', '여기'에 살아 있음을 확인하는 소중한 작업이다. 즉, 호흡에 집중하는 행위는 '나'의 존재를 알아차리는 가장 중요한 첫걸음이다. 명상의 시작은 '호흡에 집중'이다.

6

머릿속 원숭이의 정체

자세를 잡고 앉아 명상을 하다 보면 두 가지 방해 요인을 만나게 된다. 졸음과 잡념이다. 졸음은 늘 오는 것도 아니고 좀 졸고 나면 피로도 풀리니 굳이 나쁘다고만은 할 수 없다. 문제는 잡념이다. 잡념은 말 그대로 잡스러운 생각인데, 생각의 중요도나 가치와 상관없이 명상 수행을 방해한다는 의미에서 잡스럽다고 하는 것이다. 잡념이 무엇인지 글로 설명하는 것보다 지금 눈을 감고 호흡에 집중해 보면 1분 안에 알 수 있다. 분명 자신의 의지는 호흡에만 집중하는 것이었는데, 의지와 상관없는 엉뚱한 생각을 따라가게 된다. 방금 전 있었던 일, 지난주 친구와 나눴던 대화, 다음 주 약속 장소에 대한 걱정, 출근길에 들었던 음악의 한 소절, 현실과는 동떨어진 백일몽 등이 자신을 끌고 다닌다. 정신 줄을 놓고 있다 보면 아주 먼 곳까지 가 있는 경우가 다반사이다. 분명 몸은 지금, 여기에 존재하지만 생각은 먼바다를 항해한다.

명상은 이런 잡념을 없애는 수련이 아니다. 잡념은 누구에게나 일어나는 현상이다. 잡념이 나에게 찾아왔음을 알아차리고 다시 호흡으로 돌아오는 과정을 반복하는 일이 명상이다. 수련의 과정은 단순하다. 자세를 똑바로 잡고 앉아 눈을 감고 호흡에 집중한다. 대부분의 경우 1분도 채 지나지 않아 잡념이 떠오른다. 중요한 것은 빠른 시간 안에 잡념이 찾아왔음을 알아차리는 것이다. 넋을 놓고 있다 보면 첫 번째 생각이 두 번째 생각을, 두 번째 생각이 세 번째 생각을……. 이런 식으로 n번째 생각까지 따라가게 된다. 일종의 끝말잇기 게임 같은 것을 하게 되는 것이다. 호흡은 온데간데없고(물론 호흡은 계속하고 있지만), 몇 분간 잡념이 이끄는 대로 이리저리 끌려다닌다. 이때 집중력을 잃지 않고 호흡으로 빠르게 돌아오는 것이 핵심이다. 또한 중요한 것은 생각의 내용이나 생각을 한 것 자체에 대해 평가하거나 판단하지 않는 것이다. 그냥 '생각했다.'라고 마음속으로 말하고 다시 호흡으로 돌아오면 된다.

몇 가지 의문이 들 것이다. 왜 의도하지 않은 잡념이 찾아오는 것일까? 잡념이 찾아온 것에 대해 평가하거나 판단하지 않는 이유는 무엇인가? 잡념 뒤에 다시 호흡으로 돌아오는 것은 어떤 의미가 있는 것일까? 머릿속 원숭이의 정체를 아는 것이 이런 의문에 답하는 출발점이다. 머릿속 원숭이라니? 자신의 의지와 상관없이 찾아오는 잡념을 명상에서는 '몽키 마인드Monkey Mind'라 부른다. 이는 아마도 도교나 불교에서 사용하는 '심원의마心猿意馬'라는 말에서 따온 것인 듯하다. 마음은 원숭이 같고 생각은 말과 같다는 뜻이다. 즉 생각이 원숭이나 말처럼 이리 뛰고 저리 뛰어 마음을 한 곳에 집중하지 못하는 상태를 표현한 것이다. 그런데 이것이 원숭이고 말이고 간에 왜 날뛰는 것일까?

이에 대한 답을 찾기 위해서는 우리 뇌의 작동 원리를 알아야 하는데, 나는 전문적 지식을 들어 그것을 설명할 능력이 없다. 책에서 읽었던 내용을 기반으로 상식적인 선에서 이야기해 보려고 한다. 우리는 뇌에 저장된 기억을 기반으로 사고한다. 사고에 대한 수행 명령이 떨어지면 뇌에 저장된 다양한 정보를 이용해 명령을 실행한다. 미팅에서 상대방의 날카로운 질문에 현명한 답을 내놓으라는 명령이 입력되면 뇌는 그와 관련한 여러 가지 정보를 순차적으로 소환, 결합하는 수십 차례의 과정을 거쳐 답을 생각해 낼 것이다. 뇌는 이런 일을 아주 잘한다. 심지어 자주 일어나는 명령에 대해서는 자율 주행이 가능하다. 예를 들어 눈앞의 컵을 들어 커피를 마시는 동작의 경우를 보면 컵을 잡고,

들어 올리고, 입에 대고, 커피 한 모금을 입에 넣고, 목으로 넘기는 과정을 일일이 뇌에게 명령하지 않는다. 이전에 학습된 패턴에 맞추어 오토파일럿 기능이 수행된다. 알고 보면 우리가 매일 하는 일 중 많은 것은 뇌의 자율 주행 기능에 의존하고 있다. 숨쉬기, 걷기와 같은 기본 동작을 비롯해 습관적으로 일어나는 행동들의 대부분이 그러하다. '늘 하던 대로' 하는 일들이 생각보다 많다. 이런 일들의 대부분은 마음을 기울이지 않고 하게 된다. 몸의 주인인 내가 너무 많은 것을 뇌의 자율에 맡기고 사는 것이다. 물론 뇌에게 많은 것의 전결권을 주지 않으면 우리는 피곤해서 견디지 못하거나, 하루 중 할 수 있는 일의 숫자가 급격하게 줄어들 것이다.

문제의 핵심은 뇌가 알아서 하도록 맡기는 것이 너무 많다는 사실이다. 그러니 명상을 위해 눈을 감으면 머릿속 원숭이들이 제 세상을 만난 양 마구 뛰어다니는 것이다. 머릿속을 원숭이 세상으로 만들지 않으려면 원숭이를 조련해야 한다. 생각이 나타난 것을 알아차리고 다시 호흡으로 돌아오는 것은 원숭이를 진정시키는 과정이다. 이 과정을 반복함으로써 원숭이의 출몰 횟수나 시간을 줄여가는 것이다. 그리고 그 생각이나 생각한 행동 자체를 평가하지 않는 것은 뛰어다니는 원숭이와 일일이 싸우지 말자는 것이다. 원숭이가 왜 날뛰었는지 다그치며, 다시는 뛰어다니지 않겠다고 다짐을 받는 피곤한 일을 하지 말라는 얘기이다. 뇌의 에너지 소모량을 늘릴 뿐이다.

머릿속 원숭이를 없애는 것이 아니라 그들과 잘 지내는 것이 명상의 목표이다.

7

나이 듦에 대하여

자외선 차단제를 열심히 바르는데도 팔다리와 목 뒤가 새카맣다. 일주일에 너덧 시간 테니스를 치고 이삼 일은 달리기를 하니 피부가 깨끗하기 어려운 인생이다. 까맣게 타는 것까지는 그러려니 했는데, 어느 날 샤워를 마치고 내려다보니 팔뚝 피부가 쭈글쭈글하다. 햇빛에 그을린 피부를 돌보지 않은 탓도 있겠지만, 나이 듦의 현상이라 생각하니 기분이 확 가라앉는다.

화장발이나 성형에 부정적 견해를 가진 자로서 나이 듦을 있는 그대로 받아들이는 아름다움에 대해 혀를 꽤나 놀렸었는데 정작 나의 일이 되니 마음에서 쿵 소리가 난다. 고작 팔뚝에 잔주름(으로 보이는 미세한 현상)이 보였을 뿐인데.

'나이'라는 똑같은 단어를 두고 어떤 때는 먹는다고 표현하고, 또 다른 경우에는 든다고 말한다. 두 가지의 차이가 무엇일까 생각해 본다. 딱 떨어지게 구분되는 것은 아니지만, 나이를 먹는다는 표현은 성장의 의미, 즉 목표점을 향해 올라가는 경우에 주로 쓰고, 나이가 든다는 말은 반환점을 지나 성숙, 발효, 퇴화 등이 일어날 때 쓰는 게 적합해 보인다. 먹는 나이는 목적어로 내가 주체가 되지만, '든다'에서는 나이가 주어이다.

나이 듦은 나의 의지와는 상관없는 것이며, 나이가 주는 여러 가지 영향으로부터 자유롭지 않다는 것을 시사한다. 그래서 나이 듦을 부정적으로 받아들이는 경우가 많다.

사람들은 나이 듦, 특히 신체적 퇴화에 대해 다양한 방법으로 저항한다. 운동을 통해 몸의 사용 연한을 늘리기 위해 애쓰고, 의학의 도움을 받아 퇴화를 지연시키거나 이전의 상태로 복원하려 기를 쓰기도 한다. 나이가 들기 전처럼 건강하고 아름답게 살기 위해 노력하는 것이 나쁜 일은 아니다. 할 수 있다면 열심히 노력해야 한다. 하지만 문제가 되는 것은 나이 듦과 상관없이 이전의 상태를 유지하려는 욕심이다. 이전과 달라져서는 안 된다는 강박 관념으로부터 벗어나야 한다.

무상無常함을 받아들여야 한다. 무상하다는 것은 '늘 그러할 수 없음'이다. 하지만 사람들은 좋은 상태가 늘 그러하길 바란다. 그런 바람이 정신적인 고통과 갈등을 만들어낸다. 고통과 갈등을 회피하기 위해 무리수를 둔다. 새 차, 새 집은 순간적으로 행복한 감정을 준다. 하지만 이 감정을 지속하기 위해 차나 집에 집착하는 순간에 짊어져야 하는 짐이 되어버린다. 차에 흠집이 생기고 집이 망가지는 것을 받아들이는 일이 힘들어지게 된다. 사랑하는 사람과의 관계도 마찬가지이다. 사랑의 감정이 정점을 찍었을 때를 유지하려는 마음이 관계의 족쇄가 되어버린다. 그 감정이 조금만 달라져도 불행하다고 착각한다. 행복의 순간이 지속되길 원한다면 행복이 사라지는 순간에 불행이 그 자리를 냉큼 차지해 버린다. 사람들을 불행하게 만드는 원인 중 하나가 행운이라는 역설이 그럴듯하게 들리는 이유이다. 행운은 늘 존재하지 않음을 전제로 한다. 찾아올 확률이 낮기 때문에 기쁨이 크지만, 다시 찾아올 확률 역시 낮기 때문에 불행의 크기도 커질 수밖에 없다.

굳이 로또나 새 차, 새 집이 아니더라도 우리는 삶 속에서 '늘 그러할 수 없음'의 현상을 마주한다. 아침까지만 해도 좋았던 기분이 옷에 튄 커피 한 방울 때문에 바닥으로 추락하기도 하고, 강아지가 엉망으로 만들어놓은 집 꼴을 보는 순간 성공적으로 살았던 하루가 무너지기도 한다. 마음의 내공이 깊다면 새로 산 (그것도 하얀) 옷이, 잘 정리해 놓고 출근한 집이 '늘 그러하길' 바라는 마음을 내려놓으면 된다. 하지만 득도의 경지와는 거리가 먼 평범한 사람들이 그렇게 마음을 내려놓는 일은 불가능에 가깝다.

그렇다면 자신의 기분이 '늘 그러하길' 바라는 마음을 내려놓는 일부터 실천하는 것이 좋다. 하루를 살면서 분노나 우울이 찾아와 내 기분을 흔들 수 있음을 받아들여야 한다. 하루 종일 평온하거나 기쁨에 충만한 기분을 유지해야 한다는 강박 관념에서 벗어나면 된다. 좋은 기분이 지속되길 바라는 것은 집을 늘 새 집처럼 유지하기 위해 결벽증적으로 타인의 출입을 막고, 청소만 하며 사는 것과 크게 다르지 않다.

분노나 좌절, 우울 같은 손님은 올 수밖에 없다. 문을 걸어 잠그고 그들의 방문을 막기 위해서는 엄청난 노력과 비용이 들어갈뿐더러, 결국 그들은 어떻게든 뚫고 들어오게 되어 있다. 손님이 찾아오면 객관적 태도를 유지하며 그들의 방문을 관찰하면 된다. 짧으면 5분, 길어야 하루이틀이면 떠난다.

팔뚝에 생긴 잔주름이 나에게 날린 잔 펀치를 그냥 맞기로 했다. '이 나이에 너무 팽팽한 피부, 뭔가 언밸

런스 하잖아?'라는 마음으로 우울이라는 이름의 손님을 맞았다. 그렇게 생각을 고쳐먹자 우울한 기분은 나를 지그시 눌러 오히려 겸손하게 만든다. 그런 마음으로 거울에 비친 나를 바라보니 흰 수염이 적절하게 섞인 얼굴과 긴장감을 내려놓은 나의 팔뚝이 잘 어울리는 듯 보였다. 기분의 무상함을 받아들이고 나니 '나이 듦'이라는 손님을 받아들이는 일도 훨씬 편안해지는 느낌이다. '안경이 너무 젊은 스타일 아니야?'라는 생각이 든다. 나이 듦에 어울릴 만한 안경테를 찾아봐야 하겠다.

8

'나'라는 게스트 하우스

같은 행동도 시대의 흐름에 따라 전혀 다르게 받아들여진다. 사회적 환경이 변하니 그에 따라 사람들의 생각이나 가치관이 바뀌는 것이다. 흡연이 대표적인 예이다. 1990년대까지만 하더라도 남자들끼리 만나면 담배를 권하는 것이 일종의 매너 같은 것이었다. 사무실 책상 위에는 재떨이가 놓여 있었고, 여객기 뒤쪽 삼분의 일 정도는 흡연석으로 지정되어 있었다. 바바리코트 깃을 세운 채 담배를 입에 물고 담배 연기 자욱한 다방 안으로 들어서는 남자의 모습이 멋져 보이던 시절이 있었는데, 이제는 건물 뒤편 흡연 구역으로 몰려난 애연가들의 뒷모습이 초라해 보이는 시대가 되었다.

본질적으로 차이가 있긴 하지만, 분노에 대한 사회적 용인이나 반응도 비슷하다. 시간적으로 명확한 구분선이 있는 것은 아니지만, 내 기억에 의하면 21세기로 넘어오는 즈음이 경계가 아닐까 싶다. 1990년대 말쯤 한국에서도 유명세를 타기 시작했던 건축가 안도 다다오에 관한 책을 읽다가 일과 관련하여 불같이 화를 내는 그의 모습에 '그래, 한 분야에 일가견을 가진 사람이라면 이 정도는 해야지.'라고 공감, 아니 공감을 넘어서 귀감으로 삼고 싶다고 생각했던 기억이 생생하다. 그런 행위들이 '다혈질', '한 성질', '화끈한 성격' 등과 같은 단어로 미화되던 시절이 있었다.

이제 와서 돌아보면 부끄럽기 그지없는 일이지만, 내가 그랬다. 지금의 기준으로 보면 분노 조절 장애자의 직장 내 갑질에 해당하는 일이었다. 개인적인 감정은 아니었지만 일과 관련해서 완벽주의자로 보이고 싶었던 욕심을 분노라는 수단을 통해 과시했던 것이 아닌가 싶다. (이 자리를 빌려 나의 그런 행동으로 상처받았던 사람이 있다면 진심으로 사과하고 싶다.) 일이 내 뜻대로 풀리지 않거나, 상대방이 내 마음처럼 움직여 주지 않으면 호흡이 거칠어지기 시작하고, 그 상태가 몇 분쯤 지속되면 통제력을 상실한 채 목소리 데시벨이 올라가는 동시에 상대방에게 상처가 되는 언어를 구사한다. 그렇게 하고 나면 내 뜻대로 일이 되는 것이 아니라, 심한 경우에는 되돌리기 어려울 정도로 일 자체를 망쳐버리기도 했다. 당시에는 나의 그런 행동을 '통쾌했다.'면서 칭찬해 주는 극소수의 몰지각한 동료들도 있었지만, 문제는 30분도 지나지 않아 후회가 몰려온다는 것이었다. '조금만 더 참을걸…….'

나의 이런 행동이 비즈니스에 좋은 영향을 줄 리 만

무했다. 함께 일하는 사람들도 나에게 회사의 발전과 번영을 위해 좀 참으라고 부탁하기에 이르렀다. 한번은 이런 일도 있었다. 까다롭기로 소문난 사람을 상대해야 하는 비즈니스 미팅 자리였기 때문에, 가기 전부터 오늘은 어떤 일이 있어도 꾹 참겠노라고 각오를 단단히 했다. 아니나 다를까, 상대방은 오늘따라 인내력 테스트라도 하듯 까다로움의 레벨을 한껏 끌어올린다. 한 시간가량의 미팅 내내 잘 참아냈다. 무사히 잘 마치고 돌아오는 차 안에서 동료에게 물었다. "내가 오늘 좀 잘 참았지?" 칭찬 대신 이런 답이 돌아왔다. "얼굴만 웃으면 뭐해요. 귓불이 시뻘게졌는데."

정도와 빈도의 차이는 있을지언정 분노는 누구에게나 찾아온다. 그런데 찾아온 분노를 대하는 방식은 저마다 다르다. 곁에 있는 사람이 도저히 알 수 없을 정도로 포커페이스를 유지하는 사람이 있는가 하면, 분노의 열기가 주변을 삼켜버릴 정도로 위험한 폭발력을 가진 사람도 있다. 이렇게 다양한 분노 표출의 스펙트럼을 크게 두 부류로 나누면 '참기' 아니면 '터트리기'가 아닐까 싶은데, 실은 두 가지 모두가 명상의 관점에서 보면 옳지 않다. 얼핏 생각하면 '참기'가 나은 대

안처럼 보이지만 절대 그렇지 않다. 그것은 분노를 내보내지 못하고 속에 담고 있는 것이다. 내면에 보관된 분노는 층층이 쌓여 언젠가 예상치 못한 형태로 폭발하거나, 전혀 다른 모습으로 발효되어 내면에 부정적인 영향을 미치는 독소가 되기 때문이다.

찾아오는 분노를 거부하는 능력이 없다면 어떻게 대처하는 것이 좋을까? 분노를 대하는 방법을 명상의 관점에서 이야기해 보면 이렇다. 나, 조금 더 정확하게는 나의 마음을 게스트 하우스라고 생각해 보자. 손님이 찾아오기 전 게스트 하우스에는 주인인 '나'만 존재한다. 이것이 '진짜 나'이다. 이해가 쉽지는 않겠지만, 이렇게 비어 있는 '진짜 나'를 유지하는 것이 명상의 목적이다. 그런데 다 아는 것처럼 게스트 하우스에는 손님들이 수시로 드나든다. 분노, 좌절, 후회, 우울 등의 이름을 가진 게스트들이 끊임없이 방문한다. 그런데 분명한 것 한 가지는 이들 모두 결국 체크아웃을 한다는 사실이다. 2박 3일짜리도 있고, 5박 6일짜리도 있지만 결국 떠난다. 손님을 받는 게스트 하우스의 주인은 어떤 태도를 취해야 할까? 분노와 함께 난리를 칠 것인가? 우울과 함께 잠 못 이루며 덩달아 피폐해질 것인가? 현명한 게스트 하우스의 주인은 손님이 큰 사고 치지 않도록 예의 주시하며 무사히 체크아웃하도록 관리할 것이다.

이것이 분노를 대하는 최선의 태도이다. 지금 자신에게 찾아온 분노는 잠시 후 떠난다. 손님을 예의 주시하듯 분노를 객관적으로 관찰하면 된다. 덩달아 물건을 집어 던지거나 불을 지르는 일에 동참해서는 안 된다. 자신에게 찾아온 분노를 자신과 동일시해서 그런 일을 저지르고 나서 보면, 어느새 분노라는 손님은 체크아웃해 버리고 온데간데없어진다. 들어오는 분노를 막을 수 없으니 일단 받아들이자. 그러고는 손님을 바라보듯 알아차리기만 하면 된다. 시간이 되면 그는 떠난다. 그때 후련한 마음으로 손 흔들며 분노라는 손님과 작별하면 그만인 것이다.

분노 표출이 더 이상 열정의 상징이 아닌 시대이다. 시대착오적 인간이 되지 않기 위해서라도 명상이 필요하다.

9

마음이 책으로 만들어지나요

운동하는 것을 좋아하다 보니 배불뚝이 아저씨 몸매는 면하고 산다. 과도하게 살찐 몸매로 산 적은 없지만, 20년 전쯤까지만 하더라도 현재 몸무게보다 5킬로그램 이상 더 나갔다. 머리로 꿈꾸는 몸매와는 거리가 꽤 멀었다. 매일 아침 체육관에 나가 40분 이상 운동을 했지만, 기분 전환 그 이상은 아니었다. 이대로는 안 되겠다 싶어서 책을 몇 권 사서 보았다. 그런 기분 아시는지? 책 한 권 읽고 나면 이미 몸이 반쯤 만들어진 듯한 그런 기분. 기분 전환용 아침 운동과 착각 유발형 독서는 시간만 끌 뿐 어떤 변화도 만들어내지 못했다. 결국 마음 독하게 먹고, 다니던 체육관에서 PT를 시작했다. 그리고 코치의 강권으로 식단도 시작했다. 환웅의 지시에 따라 굴 속에 들어간 곰처럼 닭 가슴살과 방울 토마토만으로 3개월을 견뎌냈다. 드디어 매일 아침 체육관에서 만나는 할머니 한 분으로부터 "몸매가 확 달라졌네."라는 칭찬을 받아내기에 이르렀다. 그때의 고통이 너무 강하게 남아서인지, 같은 시도를 다시는 못하고 있지만 옷으로 적당히 가리고 다닐 만한 몸매는 유지하게 되었다.

책으로 배운 연애가 아무짝에도 쓸모없듯, 책으로

몸을 만들 수 없다. 명상도 마찬가지이다. 아니, 어쩌면 착각 유발의 정도가 가장 강할지 모른다. 꼭 명상 관련 책이 아니더라도 마음을 맑게 해주는 수필집이나 배울 만한 점이 있는 이의 자기 개발 관련 책을 읽으면 마치 내가 이미 그런 사람이 된 듯한 환상에 빠지기 쉽다. 결심이 선 것을 이미 실행한 것으로 착각할 공산이 크다. 나이키가 가르쳐주지 않았던가? 'Just Do It.' 책을 읽고 머리로 받아들였으면 몸을 움직여 그렇게 해야 한다. 어느 체육관 입구에 써놓은 글귀는 무뚝뚝하게 명령하는 대신 이렇게 말하며 격려해 준다. "이 문 앞까지 온 것만으로도 당신은 절반을 해냈습니다." 실행되지 않는 결심은 아무것도 아닌 것이다.

명상은 아무것도 하지 않는 행위이다. 아무것도 하지 않는 행위라니? 모순적 명제 아닌가? 아니다. 아무것도 하지 않기 위해서는 꽤 많은 노력이 필요하다. 일단 무언가를 할 수 있는 시간에 숨만 쉬고 있는 자신을 받아들일 용기가 있어야 한다. 숨만 쉬는 것에 대한 고정 관념을 깨기 위해서는 큰 용기가 필요한 것이다. 어느 광고 카피처럼, "이미 아무것도 안 하고 있지만, 더 격렬하게 안 하고 싶은" 욕구를 지닌 프로 뒹굴러 입장에서는 이 말에 동의하기 어려울지 모른다. 하지만 그렇게 아무것도 하지 않는 것과 명상의 차원에서 아무것도 하지 않는 것은 근본적으로 다르다. 전자는 몸을 움직여야 하는 귀찮고 힘든 일을 하지 않고 소파에 누워 편안한 상태로 있는 것을 의미하는 반면, 명상에서 아무것도 하지 않는 것은 정말로 아무것도 하지 않는 것을 뜻한다. '정말로 아무것도 하지 않는'다는 것은 어떤 의미일까? 명상을 해보지 않은 사람에게 이것을 설명하기는 썩 쉬운 일이 아니다. 개인적인 경험을 바탕으로 이렇게 비유해 설명하곤 한다. 몸과 마음이 지친 상태로 집에 들어오자마자 안도의 한숨을 내쉬며 소파에 몸을 던져 누웠을 때의 느낌 같은 것, 아니면 쌀쌀한 날씨에 차가워진 몸을 적당한 온도의 온탕에 담그며 나도 모르게 '으~'라는 쾌감성 신음을 내뱉으며 아무 생각이 없을 때의 상태 같은 것이라고. 그래서 뇌가 잠시 아무것도 하지 않고 진정한 휴식을 취하는 상태가 되는 것이다. 하지만 실제 그 시간은 그리 길지 않다. 보통은 그 이후에 잠이 들거나, 티브이를 켜거나, 상념에 잠기기도 한다. 무언가를 다시 하게 된다.

아무것도 하지 않는 일은 정말 어렵다. 첫 번째 이유

는 시간을 허비한다는 고정 관념에서 벗어나기 힘들기 때문이다. 나는 중요한 프레젠테이션 직전에 어떤 형태로든 명상의 상태를 유지한다. 중요한 프레젠테이션에 앞서 한 페이지라도 다시 보고, 스크립트를 한 번 더 들여다보는 것이 중요하다고 생각하는 사람 입장에서는 시간을 허투루 쓰는 것처럼 보일 수 있다. 나의 경우에는 잠시 뇌를 쉬게 하고 나면 훨씬 편안한 속도로 이야기를 시작할 수 있게 되고, 말이 꼬이는 실수를 하지 않게 된다. 뇌가 편안해지니 기억 저편에 있던 것도 쉽게 떠오른다. 아무것도 하지 않는 것이 시간 낭비가 아니라는 증거는 같은 시간에 할 수 있는 다른 것과 비교해 봐도 쉽게 알 수 있다. 15분 정도의 짬이 날 때 일반적으로 하는 것들과 비교해 보자. 스마트폰을 켜서 다른 사람의 일상을 들여다보거나, 어제 놓친 스포츠 중계를 보기도 하고, 옆에 앉은 사람과 사소한 이야기를 나누기도 한다. 이런 일들을 '킬링 타임killing time', 즉 시간 죽이기라고 부른다. 이런 행동이 마음을 가볍게 해주는 것은 사실이다. 하지만 시간을 죽이기 위해 뇌는 여전히 고생을 하게 된다. 시간 죽이기의 즐거움은 그때뿐인 것이다. 같은 시간에 아무것도 하지 않음으로써 뇌를 쉬게 하는 일이 그보다 가치 없는 일일까?

아무것도 하지 않는 것이 어려운 두 번째 이유는, 뇌가 아무것도 하지 않는 상태를 견디지 못하기 때문이다. 눈을 감고 호흡에 집중하라고 하면 대부분의 사람들은 자신의 의지와는 상관없이 30초도 지나지 않아 다른 생각을 하게 된다. 쉽게 말해 뇌가 자율 주행을 하는 것이다. 느닷없이 '오늘 저녁에는 뭘 먹을까?'라는 질문이 떠올라 그 질문을 따라 아주 먼 곳까지 가기도 하고, 어제 누군가에게 들었던 말 한마디가 머릿속을 맴돌며 새삼스럽게 분노가 일어나며, 그와 관련된 십여 년 전의 일을 찾아 과거 여행을 떠나기도 한다. '호흡에 집중'은 온데간데없어진다. 명상을 한다는 것이 정말 아무 생각도 하지 않는다는 것이 아니다. 누구든지 호흡에 집중하다가도 생각에 끌려가기 마련인데 가능한 한 빨리 그것을 알아차리고 다시 호흡으로 돌아옴으로써 '아무것도 하지 않음'을 실천하는 것이다. 그래서 호흡에 집중하는 일이 스마트폰을 멍청히 바라보는 일보다 어려운 것이다.

이런 일이 책으로 될 리 만무하다. 근육을 만들고 싶으면 체육관 문을 열고 들어가 덤벨을 들거나 철봉에 매달려야 하듯, 마음의 근육을 만들고 싶다면 조용한 곳을 찾아 자세를 잡고 앉아 호흡에 집중하는 훈련을 해야만 한다. 마음에 근육이 생겨야 아무것도 하지 않을 수 있는 힘이 생긴다.

10

채식 3년

명상은 내게 많은 변화를 가져다주었다. 말의 속도는 느려졌고, 얼굴은 다소 부드러워졌으며, 화를 드러내는 빈도는 줄어들었다(고 나는 생각한다). 이 밖에도 생활의 많은 부분이 바뀌었는데, 그중 가장 놀라운 변화는 채식을 시작한 것이다. '놀라운'의 포인트는 두 가지인데, 첫 번째는 육식주의자로 분류되더라도 큰 이견이 없을 그동안의 삶 때문이었고, 두 번째는 채식을 결심하게 된 동기가 뜻밖이었기 때문이다.

채식을 결심하기까지 시간이 좀 걸리긴 했지만 생각보다 어렵지는 않았다. 이것은 전적으로 온라인의 알고리즘 덕분이었다. 명상에 관한 유튜브를 검색하고 나니 요가나 채식, 또는 환경에 대한 동영상들이 추천되었다. 그런 것들이 명상을 하는 사람들의 공통적인 관심사이기 때문이었을 것이다. 추천된 동영상들을 보면서 이런 영역에 관심을 가진 사람들이 보는 책이나 콘텐츠에 대해서도 알게 되었고, 그런 책이나 콘텐츠 덕분에 채식에 대한 의지가 생기기 시작했다.

내가 채식을 한다는 것을 알리면 건강 때문이냐고 묻는 사람이 많았다. 채식이 몸을 맑게 해준다는 느낌을 받기는 했지만, 내가 채식을 시작한 목적은 건강이 아니었다. 인간의 육식 욕구가 환경에 미치는 영향에 대해 알게 된 것이 가장 큰 동인이었다. 채식만으로도 충분히 건강하게 살 수 있다는 정보가 결심을 도와주긴 했지만, 육식을 중단하겠다는 어려운 결정을 쉽게 할 수 있었던 것은 환경 보호에 대한 의지 때문이었다.

환경 문제에 관심이 없었던 것은 아니었지만, 지구 온난화의 시계를 늦추기 위해 고기 먹는 일을 중단할 만큼의 환경주의자는 아니었다. 이런 사람이 어떻게 추천된 콘텐츠나 책의 내용에 관심을 가지며 공감을 키워갔을까? 주변에 아무리 좋은 콘텐츠가 널려 있어도 관심의 눈이 그쪽으로 쏠리지 않으면 아무 소용이 없는 법이다. 이 부분에서 명상 수행이 큰 역할을 했다고 생각한다.

명상은 자신을 돌아보는 과정이다. 돌아봄을 통해 자신을 있는 그대로 사랑할 수 있는 힘을 키우게 된다. 그렇게 되고 나면 마음의 시선은 나와 연결되어 있는 다른 사람과 세상으로 확대된다. 나라는 존재가 주변 사람은 물론이고 만나본 적 없는 세상의 다른 사람들 모두와 연결되어 있음을 깨닫게 되기 때문이다. 나를 둘러싼 세상의 소중함에 대해 생각하게 되고 그들을 향한 사랑의 마음, 즉 자비심이 생겨나게 된다. 자비심이라는 불교적인 느낌이 강한 단어를 마인드풀니스mindfulness에서는 컴패션compassion이라고 부른다. 같은 의미로 쓰이는 두 단어는 뉘앙스가 조금 다르긴 하지만 타인의 힘듦이나 아픔을 함께한다는 측면에서는 크게 다르지 않다고 볼 수 있다.

명상을 하다 보면 이기적인 마음은 줄어들고 이타적인 마음이 자라난다. 나에 대해서는 내려놓게 되고, 남을 돌아보는 마음의 힘이 생긴다. 그러니 어려운 처지에 놓인 사람이나 함께 잘 사는 일에 대한 관심이 커진다. 아마도 이런 영향으로 환경 문제에 대한 감수성도 자라게 된 것 같다. 우리가 즐겨 먹는 육류를 생산하기 위해 희생되어야 하는 환경의 문제가 심각하다는 주장에 공감하면서 강력한 지지자가 되었다.

처음에는 일주일에 하루를 채식의 날로 정해 실천하다가, 자신감이 생기면서 일상의 식단에서 육류를 단계적으로 지워 나갔다. 처음에는 소고기와 돼지고기를 식단에서 제외하고 나중에는 닭고기나 오리고기 같은 것들도 먹지 않았다. 엄밀히 말하자면 완벽한 채식주의를 실천하지는 못했다. 달걀이나 우유가 들어간 식품은 물론이고 생선 등의 해산물을 먹지 않는 일은 채식주의를 위해 사회생활을 포기하지 않는 다음에는 거의 불가능한 일이었다.

이렇게 시작한 채식은 3년 동안 지속되었다. 즉, 3년이 지난 뒤 포기했다. 채식, 정확히는 비육식을 고집하면서 사회생활을 하는 것은 쉽지 않았다. 회식 자리의 주 메뉴는 대부분 고기였으며, 그런 자리에서 사이드 메뉴나 반찬만 먹으며 버티는 일이 힘들었을 뿐만 아니라 함께 자리한 사람들의 흥을 깨는 것 같아 신경 쓰였다. 나와 점심을 함께 먹기 위해서 다른 사람들은 채식이 가능한 식당을 고르는 배려를 해주어야 했으며, 자연스럽게 사람들과의 식사 자리는 줄어들었다. 환경과 대인 관계 중에서 후자를 선택할 수밖에 없는 현실을 부정하기 힘들었다.

사람을 덜 만나도 되는 시기가 온다면 다시 채식으로 돌아갈 생각이다. 그때가 되면 조금 더 준비된 채식주의자가 되고 싶다. 2024년 징글징글했던 더위를 겪으면서 채식을 포기한 것에 대해 세상에 미안한 마음을 더욱 강하게 느꼈다. 나 하나 고기 좀 안 먹는다고 세상이 달라지겠는가 싶지만, 이런 '나 하나'가 모여야만 세상이 달라지는 건 확실하다. 지구 온난화는 가속화할 것이다. 채식으로 다시 돌아갈 날을 앞당기기 위해 애써봐야 하겠다.

11

식탁을 떠나는 순간

채식을 시작하고 나서 가장 큰 어려움은 육식의 욕구를 참는 것이 아니었다. 삼시 세끼 고기가 없으면 안 되던 인간이 언제 그런 적이 있었냐는 듯 고기와의 연은 매정하게 끊었는데, 채식주의자를 위한 환경이 제대로 조성되지 않았다는 것이 문제였다. 요즘도 크게 달라지지 않았지만, 밖에서 사람을 만나 밥 먹을 곳이 마땅치 않았다. 어느 정도 각오했던 일이지만 외식의 불편함은 염려했던 것보다 크게 다가왔다. 자연히 저녁 약속은 줄었고, 가능한 한 집에서 해 먹는 일이 늘어났다. 그러다 보니 밑천이 뻔한 요리 실력이 고민거리였다. 선물 받은 샐러드 레시피 책을 활용해 봤지만 샐러드만 먹고 살 수는 없는 일이었다. 알고 있던 조리법을 이렇게 저렇게 응용해 봤지만 그 역시 궁여지책에 불과했다.

그러던 중 요가, 명상, 채식이 삶의 중심인 한 유명인의 유튜브를 접하게 됐다. 다양한 에피소드가 있었지만, 그중 내 눈에 들어오는 것은 베지테리언을 위한 조리법 소개 영상이었다. 쉽게 따라 할 만한 것들이었다. 육수 대신 채수를 내는 것부터 활용하니 만들 수 있는 것들이 꽤 늘어났다. 새로 시도해 본 조리법 중 가장 마음에 들었던 것은 '채소 수프'였다. 집에 없는 재료 몇 가지를 구입해 시도해 보았다. 그럴듯한 맛이 났다. 문제는 양이었다. 요리를 해본 사람은 누구나 아는 것이지만, 맛을 내기 위해 필요한 적정량이라는 것이 있다. 너무 많은 양을 만들며 맛을 내는 일도 쉽지 않지만, 아주 적은 양을 조리하며 맛을 만드는 것은 더 힘들다. 혼자 사는 사람에게 적정량의 요리를 한다는 것은 한 번 만들어놓은 것을 지겨울 때까지 먹어야 한다는 의미이다. 그럴듯한 맛을 내는 채소 수프도 냉장고를 몇 번 들락날락하다 결국 다 먹지 못하고 일부는 음식물 쓰레기가 되어버렸다.

먹을 것이 지금처럼 풍족하지 않던 시절을 보내며 성장해서인지 아직도 음식을 버리는 일에 죄의식을 느낀다. 그래서 되도록이면 음식을 남기지 않으려 애쓴다. 그것과 연결된 것인지 모르겠지만 설거지할 때 음식 찌꺼기 처리하는 일을 몹시 싫어한다. 그게 싫어서 아예 요리하는 일을 망설이기까지 한다. 그럴듯한 맛을 냈던 채소 수프도 상황이 크게 다르지 않았다. 냉장고를 거쳐 설거지 통으로 옮겨졌을 뿐인데 냄비에서 막 끓여냈을 때 대견해 보이던 요리가 손도 대기 싫은 쓰레기가 되어버렸다. 처치 곤란이 되어 수채통에 버려진 채소 수프를 눈 질끈 감고 음식물 쓰레기봉투에 옮겨 담으며 생각한다. 요리와 음식물 쓰레기의 차이를 만드는 것은 과연 무엇일까?

 과학적으로 설명할 수는 없지만, 이 모든 것이 뇌의 놀음이라는 짐작 정도는 할 수 있다. 나는 군대 가기 전까지 미역국을 못 먹었다. 미역의 미끈거리는 식감과 해조류 특유의 향이 싫었다. 생일에는 미역국 대신 육개장을 먹었다. 이런 편식 습관을 한 방에 고쳐주는 곳이 대한민국 군대이다. 훈련받는 동안 미역국을 여러 차례 먹었다. 고깃국물도 아닌 들깨 국물에 끓인 미역국이었다. 배고프면 다 먹게 된다. 훈련을 마치고 첫 휴가를 받아 집에 왔던 날의 기억이 생생하다. 마침 어머니가 집에 안 계셨는데, 주방에 한 솥 끓여 놓으신 소고기 미역국을 몇 그릇이나 코를 박고 먹었다. 바다 내음 가득 품은 미역이 이렇게 훌륭한 식재료였다니……. 몇 가지 경험을 바탕으로 뇌가 판단을 바꾸자 전혀 다른 느낌의 음식이 된 것이다.

 식탁에서 주방까지 몇 걸음 되지 않는 거리를 이동

했을 뿐인데 요리가 쓰레기가 되는 현상 역시 뇌의 명령에 따른 것이다. 조금 전까지 조화롭게 맛을 내던 렌틸콩과 당근, 감자, 양파 같은 것들이 뇌의 지시에 의해 엉켜 있는 음식물 쓰레기로 둔갑해 버렸다. 이렇듯 우리의 뇌는 엄청난 권력을 갖고 우리의 삶을 지배한다. 비단 음식만의 문제가 아니지 않은가? 물건이나 사람을 대하는 태도는 물론이고, 바람이 불고 눈이 내리는 자연 현상에 대한 인식도 뇌가 어떻게 지시하는가에 따라 한순간에 달라지기도 한다.

모처럼 캠핑을 왔는데 갑자기 비가 내리는 상황을 생각해 보자. 애써 준비해 온 바비큐를 할 수 없게 되었다고 짜증을 내는 사람과 텐트 안에서 바비큐 대신 컵라면에 와인 한잔하면서 내리는 비를 즐기는 사람의 차이는 무엇일까? 성격 차이일 수 있지만 기분의 차이에서 비롯되는 경우도 종종 있다. '그래, 준비해 온 바비큐야 집에 가서 구워 먹어도 되지.' 하며 내리는 비를 반갑게 받아들이는 경우는 뇌가 편안한, 즉 마음의 폭이 넓어진 상황일 가능성이 크다. 반대로, 캠핑을 떠날 때부터 이것저것 속 썩이는 일들이 있었고, 오는 길도 막혀 스트레스가 쌓여 있는데, 텐트를 치자마자 비가 내리면 '오늘 정말 되는 일이 하나도 없네……' 하면서 스트레스를 한 겹 더 쌓아버리게 될 확률이 높아진다. 똑같은 비가 운치가 되기도 하고 짜증의 원인이 되기도 하는 것이다.

뇌의 지시를 따를 것인가, 아니면 뇌의 상태를 객관적으로 관찰할 것인가? 이 질문에 대한 답이 바로 명상이다. 명상을 하면 뇌의 상태를 객관적으로 관찰할 수 있게 된다는 것인가? 그렇다. 명상 수련을 하면 할수록 분노나 우울과 같은 부정적인 감정이 줄어들기도 하지만, 그에 앞서 자신을 힘들게 하는 감정이 찾아오면 그것을 알아차리는 능력이 생기게 된다. 뇌가 '화내라!', 아니면 '우울해져라!'라고 명령하고 있는 상황을 제삼자의 입장이 되어 바라볼 수 있다. 싸움에 말려드는 것이 아니라 구경꾼의 자리에 서게 되면 '그래, 준비해 온 바비큐는 집에 가서 구워 먹으면 되지.'라는 판단을 할 마음의 여유가 생기는 것이다.

버리려고 했던 음식물 쓰레기를 다시 요리라고 생각할 필요는 없다. 요리와 쓰레기의 차이가 물질적 변화가 아니라 뇌의 놀음임을 깨닫자는 것이다. 그런 깨달음은 명상 수련을 통해 가능해진다. 명상은 나로부터 빠져나와 나를 바라보는 과정이다. 실제로 가능하지는 않지만 이런 상상을 해보자. '진짜 내'가 유체 이탈을 통해 나를 마주 보고 앉는다. 그리고 지금 나의 뇌가 나의 몸이 어떤 상태인지 관찰하는 것이다. 이런 훈련을 거듭하면 뇌가 내뱉는 말을 거름망 없이 즉각적으로 수용하고 행동에 옮기는 대신 객관적으로 알아차리는 능력이 생기게 된다. 지금, 나를 마주하고 앉아보라. 그것이 명상의 출발점이다.

12

기상 캐스터처럼

말로 밉상짓을 하는 친구가 있다. 재미있는 것도 아니고, 특별한 의도가 있는 것도 아니건만 굳이 속 뒤집는 어휘를 기가 막히게 구사한다. 그 친구의 말 한마디가 종종 친구들 술자리의 안줏거리가 된다. 그 친구가 단톡방에 올린 절묘한 단어 한마디 때문에 마음의 급소를 다친 친구가 "웬만하면 화를 내지 않으려 했는데 말이야……" 하면서 뒷담화를 시작한다. 이렇게 시작된 분노는 누가 거들지 않아도 게이지가 자동 상승한다. 거기에 누군가 "그렇지 않아도 나도……" 하면서 거드는 순간 도마 위에 올라간 이 친구의 언어 행태는 세꼬시 수준으로 난자당하기 시작한다. 이때쯤 내가 끼어든다. "자리에 없는 사람 얘기는 그만하자. 말을 그렇게 해서 그렇지, 알고 보면 마음이 괜찮은 놈이야." 뒷담화를 그만하자는 의도도 있지만, 실제로 그 친구는 말과 마음이 참 다른 사람이기 때문에 친구들이 휘두르는 분노의 칼로부터 구해 주고 싶은 마음 때문이었다. "부처님 나셨네.", "득도하셨구먼."과 같은 비아냥 몇 마디와 함께 다른 화제로 슬그머니 넘어간다.

며칠 전 내가 선의로 보낸 메시지에 이 친구가 쓸데없는 말로 부아를 돋운다. 요즘 고민이 있는 듯 보여 위로해 줄 심산으로 "간단히 밥이나 먹을까?" 했더니 "얼마나 간단하게 먹으려고?"라는 답을 보낸 것이다. 분명 별 뜻은 없는 말이었다. 그저 '개저씨' 수준의 직장 상사가 여직원에게 던지는 수준 떨어지는 농담 같은 것이었다. "간단히 밥이나 먹을까?"라는 문장 앞에 숨어 있는 '너 요즘 고민이 있는 것 같아 위로해 주고 싶은데 그런 말 그냥 하기는 좀 쑥스러우니'라는 나의 의도가 공격당한 기분이었다. 오는 말이 미우니 가는 말도 미워진다. "뭐 대단한 게 먹고 싶냐?" 당연히 이런 대화는 상대방의 감정 다이얼을 조금씩 올리기 마련이다. 더 하다가는 싸움이 될 것 같아 "말 꺼낸 내 잘못이 크네."를 맺음말로 대화를 종결했지만, 감정은 종결이 되지 않는다.

술자리에서 부처님과 동격이 되었던 나와 '말 꺼낸 잘못'을 저지르고 씩씩거리는 나는 분명 같은 사람이다. 남의 일일 때와 나의 일일 때의 차이일 뿐이다. 바둑이나 장기판에서 훈수꾼이 될 수 있는 것은 선 위치가 다르기 때문이다. 플레이어의 자리에 앉으면 그 방향밖에는 안 보이지만, 중간에 서게 되면 판 전체가 눈에 들어온다.

분노나 우울과 같은 감정이 찾아올 때 그것을 어디서 바라볼 것인가가 중요하다. 대부분의 경우에는 그 감정과 한 몸이 되어버린다. 그러니 그 감정이 자신이라고 착각한다. 자신이 분노가 되고 우울이 되어 불을 지르거나 깊은 바닷속으로 잠수한다. 문제는 그다음이다. 방화나 잠수를 교사했던 분노와 우울이 슬그머니 떠나버린 그다음 말이다. 두목의 칭찬 몇 마디에 앞장서서 칼부림하다 뒤를 돌아보니 모두 도망가고 홀로 서 있는 조폭 행동대원의 처지와 다르지 않다. 분노와 좌절, 우울 또는 과도한 기쁨 같은 것들이 찾아왔을 때 그것을 어디에서 어떻게 맞을 것인가가 중요하다.

하늘을 뒤덮은 구름이 영원히 그 자리에 머물지 않듯, 어떤 감정도 영원히 머물지 않는다. 움직이지 않는 것처럼 보이지만 시간이 흐른 뒤 돌아보면 온데간데없어지는 것이 구름과 감정의 공통점이다. 잠시 후면 흘러가 버릴 구름 위에 올라타면 안 된다. 마치 기상 캐스터가 날씨를 예보하거나 기상 상황을 설명하듯, 감정의 들고남을 객관적으로 바라봐야 한다. 어떤 기상 캐스터도 폭풍이 몰아치고 있다고 난리법석을 떨지는 않는다. 폭풍의 이동 경로, 속도, 크기 같은 것들을 전

달자의 입장이 되어 객관적으로 설명할 뿐이다. (가끔씩 우비를 입고 현장 상황을 실감나게 전달하는 경우도 있지만, 그건 방송용이고.)

우리가 감정을 받아들이는 태도도 기상 캐스터의 그것과 같아야 한다. 지금 자신에게 찾아오고 있는 감정을 관찰자의 입장이 되어 바라봐야 한다. '꽤 큰 크기의 분노가 지금 들어오고 있구나.', '그 영향을 받아 심장 박동도 빨라지고 있는 걸.', '무언가 나쁜 소리를 상대방에게 내뱉고 싶은 욕구도 생기고 있네.'와 같이 분노가 생성되고 발전되는 모습을 자신에게 설명하듯 바라보기만 하면 된다. 그렇게 관찰하다 보면 '다행히 큰 사고를 치지 않고 퇴장하는' 분노의 모습도 알아차릴 수 있게 된다.

아이슬란드 단어 중에 글뤼가베뒤르gluggaveður라는 것이 있다. '창문'을 의미하는 'gluggi'와 '날씨'를 의미하는 'veður'의 합성어로, 날씨가 궂은 날이 많은 아이슬란드의 특징 때문에 생긴 말이다. 창밖에서 벌어지고 있는 폭풍우를 실내에서 편안하게 바라보는 보는 것을 의미한다. 굳이 문을 열고 나가 폭풍우 속으로 들어가 '나의 삶은 왜 이 모양이란 말인가?'라고 외치며 비바람을 몸으로 받아내는 대신 담요 한 장 몸에 두르고 따뜻한 코코아 한 잔 마시며 '나뭇가지가 심하게 흔들리는 걸 보니 오늘 바람은 정말 세구나.'라고 중얼거리면 되는 것이다.

알고 보면 마음이 괜찮은 그 친구를 본 지 꽤 오래되었다. 그 친구의 곱지 않은 말들을 기상 캐스터처럼 바라보았더라면 그때의 일들이 마음에 남아 있지도, 그래서 이 글의 소재가 될 일도 없었을 것이다. 잘 지내는지 오랜만에 카톡이라도 보내야겠다. '왜, 죽었나 궁금했냐?' 이런 답을 보내오려나?

13

달리기와 명상

남자들에게 군대는 벽장 속에 보관하고 있는 사진첩 같은 존재다. 인생 중 꽤 긴 시간, 그것도 가장 혈기 왕성한 시절의 다양한 기억들이 보관되어 있다. 행복한 기억보다는 힘들고 괴로웠던 순간의 비중이 훨씬 높지만, 나중에 꺼내 보면 이야깃거리가 될 만한 추억들과 거짓말을 좀 보태면 흥미진진한 무용담이 되는 소재들로 가득하다. 군대를 경험한 지 30년도 훌쩍 넘은 나의 경우도 친구들과 만나 가끔씩 되새기는 얘깃거리가 있는 걸 보면 정신적 외상의 일종인 것은 분명한 것 같다.

여러 가지 장면 중에 개인적으로 지워지지 않는 것이 구보(일본식 표현인데 지금은 뭐라 부르는지 모르겠다. 달리기라고 하면 되려나?). 그중에서도 매주 금요일 오후에 하는 완전 무장 구보의 기억이다. 배낭과 소총 그리고 천근만근의 군화, 이것들의 무게를 견디며 10킬로미터를 달리는 고통과 낙오에 대한 두려움이 아직도 생생하게 남아 있다. 어떻게 해서든 나를 낙오시키지 않기 위해 옆에서 함께 뛰며 야유인지 격려인지 구분이 안 되는 멘트를 날리던 구대장의 목소리, 열패감 가득한 낙오자들의 얼굴, 목요일 저녁부터 드리우기 시작하는 두려움의 수근거림 같은 것들이 고해상도의 동영상으로 재생되곤 한다.

한동안 잊고 살았다. 아니, 그보다는 가급적이면 그 기억이 호출되지 않도록 봉인을 단단히 하고 살았다. 낙오할지도 모른다는 두려움으로 가득했던 잠재적 패배자로서 나 자신을 잊고 싶었던 것 같다. 이런 자의적인 봉인은 뜻하지 않은 순간에 해제되었다. 다양한 취미를 즐기고 사는 지인으로부터 달리기 모임에 대한 이야기를 듣는 순간, 군대 시절 구보의 악몽과 한강변 달리기의 로망이 뒤섞여 머릿속에서 맴돌기 시작했다. 잊고 싶었던 잠재적 패배자의 모습을 달리기를 통해 씻어내야겠다는 생각이 들었다.

결심이 서자 무라카미 하루키가 쓴 『달리기를 말할 때 내가 하고 싶은 이야기』부터 주문했다. 읽고 싶었지만 달리기를 떠올리기 싫어 애써 외면했던 책이었다. 예상했던 대로 책은 술술 읽혔으며, 책을 덮기 전에 이미 결심은 단단해졌다. 달리기를 할 결심. 러닝화를 알아보고, 달리기 유튜브를 찾고, 러닝 앱을 깔았다. 그렇게 달리는 사람이 되어보기로, 그래서 내 마음 한구석에서 소멸되지 않고 있던 구보 트라우마를 제거해

보기로 했다.

걱정했던 대로 달리기가 느는 속도는 더디었다. 시작한 지 몇 달 만에 마라톤 풀코스를 완주했다는 사람들의 유튜브를 볼 때마다 내 몸에는 오래달리기의 인자가 아예 없는 건 아닌가 하는 좌절감이 찾아왔지만, 포기하지는 않았다. 결국 러닝 앱의 지시에 따라 8주 훈련을 마쳤고, 30분을 쉬지 않고 달릴 수 있게 되었다. 새로운 세상을 경험했다. 지루함을 견디기 위해 주말 아침에는 새로운 곳을 찾아 달렸다. 어느 일요일 아침, 인적이 드문 인사동길을 가로질러 달리는데 나도 모르게 헤벌쭉하게 웃으며 '이런 기분이면 하루 종일도 달리겠는데?'라는 생각이 들기 시작했다. 말로만 듣던 '러너스 하이runner's high'가 내게도 온 것이었다. 몹시 느린 속도였지만, 그렇게 나의 달리기 실력은 늘어갔다.

이후 10킬로미터도 달렸고, 풀코스 마라톤의 절반을 달리는 하프 마라톤에도 출전해 훌륭한 기록은 아니지만 완주 메달을 받았다. 오래달리기 재능 순서로 줄을 세우면 하위 30퍼센트에 속하는 내가 포기하지 않고 달릴 수 있었던 가장 큰 이유 중 하나는 달리기가 주는 명상 효과였다. 달리기가 명상에 도움이 되는 것은 두 가지 측면에서 설명할 수 있는데, 일단 달리기라는 행위 그 자체가 명상이다. 달리기 시작하는 순간부터 내 몸의 움직임과 심장의 변화를 관찰하는데, 그것 자체가 아주 훌륭한 명상법이다. 팔과 다리가 어떻게 움직이는지, 발바닥과 지면은 어떻게 맞닿고 있는지 관찰하고, 호흡의 들고남과 심장 박동의 속도 변화를 알아차리는 것이 중요한데, 이는 정확한 달리기 자세를 만들기 위해서이기도 하지만 또 다른 목적을 갖고 있다. 오래달리기를 위한 체력적 준비가 되어 있더라도 오래달리기를 방해하는 최대의 적은 정신의 저항, 즉 '그만 달리고 싶은 마음'이다. 달리기를 하는 동안 몸의 움직임과 변화를 알아차리는 데 집중하면 뇌가 보내는 '힘들면 그만두면 어때?'라는 메시지에 현혹될 가능성이 낮아진다. 그렇게 몸에 집중하다 보면 머릿속이 디톡스되는 느낌을 받으며, 달리기가 명상에 도움이 되는 두 번째 이유를 깨닫게 된다.

    그리고 달리기를 멈추는 순간, 해냈다는 성취감과 함께 무념무상의 상태를 경험하게 된다. 머릿속과 마음이 텅 빈, 마치 쾌변을 경험한 이후의 배 속 같은 묘한 쾌감이 찾아온다. 그 느낌을 잘 기억해 두었다가 명상에서 도달하고자 하는 목표점을 삼으면 좋다.

    명상은 물론이고 달리기에도 관심이 없는 사람에게 두 가지를 함께 하라는 것은 시도 의지를 애초에 꺾어버리는 일일 수 있다. 하지만 반드시 권하고 싶다. 달리기가 엄두가 나지 않는다면 빠른 걷기도 상관없다. 하지만 걸을 때 잡념에 휘둘려서는 안 된다. 보통 머리를 식히기 위해 걷는다는 표현을 쓰는데, 생각에 지배당하는 걷기는 머리를 복잡하고 뜨겁게 만든다. 걸을 때 머리를 비우는 가장 좋은 방법은 숫자를 세는 것이다. 걸음 수를 세면 된다. 평소보다 조금 빠른 걸음으로 한적한 곳까지 30분 정도 걸어가 자리 잡고 앉아 명상을 해보라. 새로운 세상을 경험하게 될 것이다.

14

주문진 바다 1

어머니가 강원도 강릉 주문진에 사신다. 늘그막에 본인이 나고 자란 곳에서 여생을 보내시고자 이사를 간 것은 아니다. 아무런 연고도 없는 곳이다. 연고緣故, 즉 인연이나 그럴 만한 까닭이 없는 곳에 가신 이유는 설명하기 복잡하니, 그냥 '어머니가 주문진에 사신다.'라는 단문으로 대신하자. 2018년 주문진 이사 이야기가 나왔을 때 걱정도 있었지만 내심 반갑기도 했다. 서울에서 나고 서울에서 자란 탓에 귀향 행렬에 끼어본 적이 없었다. 명절마다 "서울에서 부산까지 몇 시간이 걸렸다."는 뉴스를 보며 고속도로 위에 있지 않음을 다행이라 여기기도 했지만, 왠지 마음이 허할 때 불쑥 차를 몰아 찾아갈 고향이 없음은 기댈 구석 하나가 비어 있는 기분이기도 했다. 어머니가 주문진으로 가신다니 이제는 불쑥 찾아갈 곳이 생긴 것이다. 게다가 내가 좋아하는 동해 바다 쪽이니 반대할 이유가 없었다.

서울-양양 간 고속도로에 있는 길고 많은 터널을 통과할 때마다 인간이 편히 살자고 땅덩이를 들쑤셔 놓았다는 죄책감이 들지만, 덕분에 두 시간 반이면 주문진 읍내에 당도할 수 있으니 불쑥 찾아가는 일에는 도움이 된다. 그리 살가운 아들이 되지 못해서 어머니와의 대화 시간은 길지 않아, 함께 시간을 보내다 오는 것에 의미를 둔다. 주문진 해변 북쪽으로 가면 소돌이라는 예쁜 이름을 가진 해변이 있는데, 이곳에서 아이스 라테 한 잔 마시며 어머니와 함께 바다를 바라보면 효자가 된 듯한 착각에 빠지기 딱 좋다. 대부분은 당일치기로 다녀오지만, 하룻밤 자고 오는 날이면 소돌해변에 있는 미경이네 횟집에 가서 서울서는 먹기 힘든 대삼치회나 놀래미회에 소주를 한잔하는데, 이번에는 반대로 어머니가 오랜만에 고향에 온 아들이 고향 음식 먹으며 즐거워하는 모습을 보는 듯한 미소를 지으신다. 둘만의 고향 놀이이다.

이런 것 말고도 주문진에는 즐길 거리가 꽤 있지만, 고향 놀이의 백미는 주문진 바다가 아닐 수 없다. 1박 2일 일정의 경우에는 러닝화를 준비해 간다. 강원도립대 뒤쪽 해변에서 시작해서 연곡해변에 있는 솔향기 캠핑장까지 왕복하는 6킬로미터의 새벽 해변 달리기 코스는 환상적이다. 달리기를 마치고 나면 오랜만에 고향에 돌아온 듯한 안도감이 온몸을 휘감는다. 어릴 적 뛰놀던 시골집 뒷산 오솔길을 산책하는 기분이 이런 것일까?

바다를 활용하는 또 다른 방법은 명상이다. 모래사장이나 방파제에 자리를 잡고 앉아 바다를 응시한다. 눈을 뜨고 명상을 할 수 있는 아주 좋은 기회이다. 처음에는 그 대상을 수평선으로 삼는다. 하늘과 바다가 맞닿아 있는 곳에 나의 시선을 맞춘다. 그것뿐이다. 그러고는 아무것도 하지 않는다. 그렇게 10분 정도 마음을 고요하게 만든 후, 이번에는 해변 가까이에서 생기는 파도의 움직임에 집중한다. 파도가 생겨나 밀려들고 해변에 다다라 사라지는 것을 관찰한다. 아무 생각도 하지 않는다. 그렇게 편안하게 머리를 진공의 상태로 만들고 나면 바람과 바다가 만드는 소리에 집중한다. 이제는 눈을 감아 좌선의 자세를 완성한다. 바람이 좌에서 우로, 우에서 좌로 그 흐름을 바꾸어 가며 내는 소리, 그리고 파도가 멀리서 가까이 왔다가 다시 멀어져 가는 소리를 온전히 알아차린다.

늘 무슨 일이 일어나는 도시 생활에서 단 며칠이라도 벗어나 예전엔 참 따분하다고 느꼈던 고향에 돌아와 느끼는 안온함이 이런 것일까?

15

주문진 바다 2

집을 나선 지 2시간쯤 되면 서울-양양 간 고속도로에서 빠져나와 강릉으로 내려가는 동해고속도로를 타게 된다. 바다의 기운이 느껴지기 시작한다. 양양을 지나 주문진이 가까워지면 왼쪽 차창을 통해 바다가 조금씩 모습을 보여주기 시작한다. 11월의 바다는 9월에 봤던 모습과 전혀 다르다. 컬러로 찍은 사진을 굳이 모노크롬으로 돌리지 않아도 될 정도의 잿빛이다.

드라마 '도깨비' 촬영지로 명명된 곳에서 사진 찍는 3명의 젊은이 말고는 지나다니는 이도 없는 초겨울 바다. 아무도 들르지 않아 폐가가 된 국도 휴게소처럼 을씨년스럽기까지 하다. 그런 사정을 아는지 모르는지 초겨울 바람을 등에 업은 파도는 불친절한 음식점 주인의 차갑고 빠른 말투처럼 바다를 찾은 객의 마음을 불편하게 만든다.

젊었을 때(무의미한 이분법이지만, 지금의 나와 달랐던 오래전에)는 색감이 명징하지 않은 유럽 영화를 보는 것이 불편했다. 스토리 전개도 뭔가 꼬여 있는 것이, 결말은 물론이고 과정도 불분명해서 그 불편함을 가중시켰다. 언젠가부터 (아마도 '젊었을 때'라는 표현이 썩 적당하지 않게 된 시점일 것이다.) 생각이 바뀌었다. 컬러감이 쨍하고, 스토리 전개가 명쾌한 할리우드 영화가 싫어졌다. 보는 동안은 즐거웠는지 모르지만 돌아서고 나면 남는 게 없는 공허한 느낌이 들었다. 반면에 유럽 영화 특유의 색감은 깊이감으로 다가왔고, 불분명한 결말과 헛갈리는 이야기 전개는 영화가 끝난 후에도 울림이 되어 남았다. 세상을 바라보는 나의 관점이 바뀌었기 때문이리라.

11월의 바다는 틸다 스윈튼이 주인공으로 나온 '아이 엠 러브 I am love'(같은 뜻의 이탈리아어 제목을 영어로 번역해 상영했다.)라는 영화를 떠올리게 했다. 영화 도입부, 눈 내리는 로마의 저녁 장면과 연결되었다. 그저 차갑지만도, 그렇다고 아름답지만도 않은, 앞으로 다가올 많은 이야기를 입 꾹 다물고 품고 있는 그런 느낌. 9월에 보았던 짙푸른 색의 바다도 좋았지만, 경지에 오른 중년의 남자처럼 자신을 비워내고 주변의 차가움과 흔들림을 그대로 받아내고 있는 11월의 바다는 멋져 보였다. 그런 바닷가를 이리저리 걷다가 자리를 잡고 앉아 명상을 했다. 눈을 뜨고 비슷한 회색 톤으로 어우러져 있는 하늘과 바다가 맞닿은 곳을 주시했다. 10분 남짓 시간이 흐르면 마치 파도가 잦아드는 것 같은 착각이 들면서 마음이 고요해진다.

　마음이 편안해지고 나면 그렇지 않을 때에는 보이지 않던 것들이 보이고 생각이 미치지 않았던 것들이 떠오른다. 이를테면 '9월의 바다와 11월의 바다는 본질적으로 같은 것'이라는 사실 같은 것들이다. 단지 다른 것은 그를 둘러싸고 있는 공기와 빛일 뿐이다. 차갑고 어두운 기운들. 그것이 바다의 빛깔을 바꾸고, 파도의 기분을 달라지게 한 것이다. 하늘이 파랗고 공기가 부드러우면 그런 기운 역시 바다는 아무 말 없이 받아들인다. 날씨의 기운이 상대방이라면 대범하게 그의 기분에 맞춰준다. '아, 오늘은 네 기분이 정말 맑고 고요하구나.', '오, 요즘 고민이 깊은 모양이네.' 하면서 그와 같은 표정을 지어낸다. 하지만 이것은 땅 위 인간의 눈에 비친 모습일 뿐이다. 물안경 끼고 수심 2~3미터밖에 가보지 못한 자가 함부로 짐작할 일은 아니지만, 수백 미터 물밑은 365일 변함이 없을 것이다. 날씨의 기분이 파랗건 회색이건 바다가 지니고 있는 본심은 늘 그대로일 것이다.

　흔히 바다는 넓은 마음을 비유하는 데 쓰인다. 하지

만 사람이 바다를 닮아야 하는 것은 그 넓음이 아니라 깊음이 아닐까 생각한다. 넓은 표면적은 변덕스러운 세상의 기운을 받아내는 도구일 뿐, 정말 중요한 것은 어떤 변덕에도 끄떡하지 않는 심해의 고요함이다. 겉으로는 대범한 척 이래도 허허, 저래도 허허 하면 무엇 하는가? 속이 부글부글 끓고 있거나, 마음의 치부책에 외상값 적어놓듯 쌓아둔다면.

 살아내니 사람이고 받아주니 바다일 것이다. 사람이 바다가 될 수는 없겠지만, 폭풍우가 몰아쳐도 흔들리지 않는 마음속 깊은 바다 하나 지니고 살아야 한다. 11월 주문진 바다에서 또 하나 배워 간다.

16

사람이 바뀝니까

명상을 시작한 지 1년쯤 되었을 때인 것 같다. 거의 매일 아침 거르지 않고 했으니, 최소 300번 이상의 좌선을 통해 나 자신이 많이 바뀌었다고 느끼기 시작했다. 친한 사람들을 만나면 명상의 효과에 대해 아는 척하며 전도사 역할을 하기도 했다. 친하게 지내는 형님 한 분을 전도하는 데 성공해서 일주일에 한 번 집으로 초대해 함께 수련을 하기도 했다.

이렇게 명상 생활이 무르익을 즈음, 그 형님과 저녁을 함께 하는 자리에서 나의 명상 내공이 탄로나고 말았다. 평소 가끔 가던 중국집이었는데, 들어설 때부터 종업원의 불친절함 때문에 기분이 상했다. 진짜 문제는 그다음에 일어났다. 빈자리가 많았는데도 굳이 2인석에 앉히느라 대여섯 명이 앉은 테이블 바로 옆자리에 끼인 듯 앉게 되었는데, 이미 술이 좀 들어간 그들의 소음이 장난이 아니었다. 대화가 불가능할 정도였다. 식당의 종업원 누구도 제지할 생각이 없어 보였다. 우리 둘의 저녁 자리는 망가졌고, 나의 분노는 폭발했다. "내 다시 이 집에 오나 봐라!" 큰소리치며 나왔다. 분이 풀리지 않은 나를 향해 그 형님이 일갈했다. "명상해 봐야 말짱 헛일이구먼, 쯧."

좌절이 찾아왔다. 헛일이라면 더 시간과 에너지를 쏟 필요가 없지 않은가. '공부는 해서 뭐하나?'라는 큰 깨달음이 찾아와 당구장을 드나들며 방황했던 고2 겨울 방학 때처럼 명상을 접고 '차라리 그 시간에 술이나 더 마시자.'라며 시간을 보냈다. 그러던 중 오랜 시간 명상을 해오며 지도자 활동을 하고 있는 지인을 우연히 만나게 되었다. 좀 더 정확히 말하자면, 오래전부터 알던 사람이었는데 그때 만나서야 명상을 해왔다는 사실을 알게 된 것이다. 그에게 나의 고민을 털어놓았다. 그는 나에게 이렇게 설명했다. "새카맣게 먼지가 끼어 전혀 밖이 내다보이지 않던 창을, 이제 겨우 한 겹 벗겨낸 것이다. 처음에는 밝은 빛이 보이니 세상을 얻은 것 같았을 것이다. 하지만 아직도 많이 남아 있는 먼지 때문에 이전과는 다른 답답함을 곧 느낄 수밖에 없다. 좌절하지 말고 매일 창에 낀 먼지를 닦아내라. 점점 더 선명한 세상의 모습을 보게 될 것이다."

그 말을 믿어보기로 하고 다시 명상을 시작했다. 속도가 더디긴 했지만 마음의 창에 낀 먼지가 사라지는 느낌이 어떤 것인지 알 수 있었다. 무언가 앞을 가려 답답했던 느낌은 창 너머 세상이 조금씩 더 보이기 시작한다는 긍정의 기운으로 바뀌어 갔다. '마음의 창은 무엇을 말하는 것이며, 그 창을 통해 뭘 바라본다는 것인가?' 명상의 개념이 익숙하지 않은 사람이라면 이런 의문이 들 것이다. 세상을 이미 두 눈으로 바라보고 있는 상황에서 마음의 창을 통해 바라볼 수 있는 것은 과연 무엇일까?

느낌의 통계학에 따르자면, 이런 마음의 창을 갖고 있는, 아니 마음의 창이라는 존재를 인지하고 있는 사람은 열에 하나도 안되는 것 같다. 마음의 창은 나를 바라볼 수 있는 힘이다. 명상을 통해 얻은 것 한 가지만 꼽으라고 한다면 '나를 바라볼 수 있는 힘'이라고 말할 수 있다. 마음의 창이 열리면서 잘난 점을 과대평가하고 못난 점을 외면하며 살았다는 사실을 깨닫게 되었다. 나를 제대로 바라보지 못한 채 오랜 세월을 살았던 것이다. 명상을 하면 내 밖으로 나가 나를 마주하고 앉아 나를 바라볼 수 있게 된다. 흔히 이를 메타 인지라 부르는 것 같은데, 내가 경험하고 있는 것과 동일한 것인지는 잘 모르겠다. 어쨌든 다른 사람 관찰하듯 자신을 볼 수 있게 된다. 나에게 찾아온 우울이나 과도한 기쁨 같은 것들도 관찰할 수 있다.

이러한 관찰을 통해 '받아들임'이 가능해진다. 명상에서 말하는 '알아차림'은 말 그대로 인지만을 하는 것이다. 평가하지 않는다. 이것은 마치 눈앞의 사물을 있는 그대로 바라보는 것과 같은 행위이다. 찻잔을 바라본다고 상상해 보자. 그저 그 모양을 관찰할 뿐이다. 이가 빠진 부분을 바라보며 슬퍼하거나 좌절하지 않는다. 좌우의 대칭이 미세하게 다르다고 분노하지도 않는다. 이것이 '알아차림'이다. 제삼자가 되어 나를 알아차리기 시작하면 그동안 애써 감추거나 인정하지 않으려 했던 자신의 모습을 있는 그대로 받아들일 수 있다.

사람은 바뀌지 않는다. 잠시 바뀐 듯한 느낌을 주는 (척하는) 사람을 만난 경험은 있지만, 본질이 달라진 사람을 보지는 못한 것 같다. 물이 불이 되거나, 불이 물이 될 수는 없는 일이다. 물이 노력하면 더 맑은 물이 될 것이고, 깨달음이 생기면 불은 더 밝은 불이 될 뿐이다. 명상은 화가 많은 사람을 인자한 사람으로 바꿔주지는 못한다. 하지만 자신이 화가 많은 사람이라는 사실, 그리고 화가 자신에게 찾아왔다는 느낌을 객관적으로 알아차리게 해줌으로써 불필요하게 화에 끌려다니는 일을 막아, 아니 적어도 줄여준다. 명상을 통해 인간 개조를 꿈꾼다면 애당초 시작하지 않는 것이 좋다. 명상은 사람을 바꾸는 일이 아니다.

17

얼굴빛이 달라요

7월 15일, 나의 친구 윤 교수님이 세상을 떠난 날이다. 돌아가신 아버님의 기일과 며칠 차이가 나지 않아 기억하기 좋다. 내가 감히 친구라 부르는 윤 교수님은 나보다 나이가 열 살 이상 많은 분인데, 2022년 7월 15일 지병으로 세상을 떠나셨다. 윤 교수님은 나의 와인 절친 두 분 중 한 분이었다. 와인 수입사를 운영하는 형님과 셋이 합이 잘 맞아 함께 와인 여행도 하고, 맛집을 찾아다니는 미식 모임을 하는 친구였다. 두 분 모두 와인뿐만 아니라 클래식이나 미술, 인문학 등에 조예가 깊어 한 뼘이 될까 말까 했던 내 인생의 깊이를 적어도 한 자 이상 파내려 가게 해주었다.

2019년 초, 윤 교수님이 병을 얻은 것을 알게 되었다. 완치되기 어려운 병에 걸렸음을 아무렇지 않은 듯 세 명이 모인 단톡방을 통해 알리셨다. 그 후로 돌아가시기 전까지 이전보다 더 자주 만났다. 끝이 보이는 병을 안고 살면서도 의연함을 잃지 않았던 그분의 모습이 아직도 눈에 선하다. 우리 셋은 아무 일도 없다는 듯 벚꽃 시즌이 오면 잠실 주공 5단지 정원의 벚꽃이 가장 좋다며 꽃구경을 갔고, 윤 교수님 체력이 허락하는 날이면 가볼 만한 맛집을 돌아다니며 이전처럼

(윤 교수님이 와인을 못 드시는 것만 빼고는) 즐거운 시간을 보냈다. 솔직히 나는 힘들었다. 그분을 더 볼 수 있는 시간이 얼마 남지 않았음을 알면서 함께 웃는 시간들을 견디는 일이 쉽지 않았다. 당사자는 오죽했을까…….

윤 교수님을 만나러 가기 전에는 명상을 했다. 진심으로 즐거운 마음을 가지고 그분과 시간을 보내고 싶었다. 하루는 셋이 그분이 사시는 아파트 정원에서 샌드위치를 먹기로 했다. 샌드위치를 정성껏 만들 수는 없어서 정성껏 골라 포장해 가지고 갔다. 가기 전에 시간 여유가 있어 근 한 시간 정도 명상을 했다. 마음이 가벼웠다. 따뜻한 봄볕이 내리쬐는 정원 벤치에 앉아 샌드위치를 나눠 먹었다. 미식가인 윤 교수님이 맛있는 샌드위치를 사 왔다며 칭찬하셨다. 그러면서 내 얼굴을 한참 바라보며 "오늘 얼굴빛이 참 밝아요." 하셨다. 그냥 멋쩍어 "오기 전에 세수를 했습니다만……." 하고 얼버무리고는 잠시 후 화장실에 가 내 얼굴을 바라보았다. 정말 얼굴에서 빛이 나고 있었다.

얼굴의 의미가 '얼이 드나드는 굴'이라는 얘기를 들

은 적이 있다. 언어학적으로 근거가 있는지는 모르겠지만 그럴듯해서 가끔 써먹는다. 사람들은 눈과 귀, 코와 입을 통해 좋은 것과 나쁜 것, 즐거운 것과 슬픈 것 등을 들이거나 내보낸다. 그러다 보니 슬픈 것을 많이 본 눈은 슬퍼지고, 아름다운 말을 자주 하는 입은 아름다워진다. 이목구비 자체는 수려하지만 왠지 모르게 슬퍼 보이거나 불행해 보이는 사람에겐 그런 이유가 있을 것이다.

명상은 얼굴을 관리하는 좋은 방법이다. 가끔 명상을 마치고 거울에 비친 내 모습을 관찰하기도 하는데, 조금 긴 명상을 한 날의 얼굴은 편안하다. 한 주를 시작하는 월요일에는 얼굴 명상을 한다. 자세를 잡고 호흡이 자연스러운 리듬을 찾게 되면, 호흡을 얼굴의 각 부위로 보내 곳곳에 있는 경직을 풀어낸다. 잠에서 깬 지 얼마 되지 않은 얼굴의 근육은 딱딱하게 굳어 있다. 실험을 해보면 쉽게 알 수 있다. 일어나자마자 거울을 보고 억지 웃음이라도 지어보라. 잘 안 될 것이다. 나는 절대 안 된다. 호흡을 정수리, 미간, 관자놀이, 광대뼈, 턱 관절 등으로 보내 마사지하듯 호흡으로 주변을 문지르는 상상을 한다. 그러고는 내쉬는 호흡에 그 부위의 긴장과 경직을 함께 내보낸다. 그렇게 5분 정도 호홉으로 얼굴 마사지를 하고 마지막으로 사랑스러운 대상을 떠올리며 미소를 지어본다. 얼굴이 훨씬 말랑말랑해져 있는 것을 느낄 수 있다.

나는 상대하기 까다로운 사람을 만나러 갈 때에도 명상을 한다. 말이나 태도가 호의적이지 않은 사람을 만나게 되면 자신도 모르게 방어적이 되기 마련이다. 그런 태도는 얼굴로 나타나게 되고, 상대방에게도 부정적인 요소로 작용하게 된다. 그러다 보면 까다로운 상대는 더 까다로워지고 상황은 더 나빠질 가능성이 크다. 마음도 없는 상태에서 얼굴에 거짓 미소를 띠거나 입으로만 상대방에게 동의하는 척하는 것은 사태를 더욱 악화시킨다. 이런 상황을 맞닥뜨리기 전에 명상을 하면 일단 마음이 편안해지고 생각의 흐름이 부드러워진다. 상대방의 거슬리는 말이나 행동에 쉽게 동요되지 않는다. 게다가 유연해진 마음의 상태가 얼굴로 드러나니 상대방도 덩달아 까칠함의 강도를 낮추게 된다.

늘 대화를 불편하게 만드는 후배를 만나기 전 실험 삼아 명상을 해본 적이 있다. 내 마음이 너그러워지니 그가 꺼내는 불편한 말들이 이해가 되기도 하고, 그런 말에 대해 나도 여유를 가지고 대응할 수 있었다. (아마도) 내 얼굴 표정에도 그런 마음이 드러나니, 후배도 불편한 이야기보다는 즐거운 이야기를 더 많이 꺼냈고, 대화는 선순환의 흐름을 타 꽤 많이 웃으며 시간을 보냈다.

반려견을 키워본 사람들은 잘 알지만, 강아지들은 얼굴로 100가지의 대화를 한다. 사람도 크게 다르지 않다. 마음이 없는 말보다 진심이 드러나는 얼굴의 힘이 더 세다. 명상을 하면 참된 마음이 생기고, 참된 마음이 무르익으면 얼의 굴을 통해 새어 나온다. 중요한 사람을 만나기 전 꾸미는 시간을 줄여 명상을 해보라. 상대방이 속으로 '이 사람 얼굴빛이 참 좋네.' 할 것이다.

18

윤 교수님, 거기선 명상하세요?

나의 친구 윤 교수님은 지적인 분이었다. 영어 사전 보는 것이 취미였고, 가끔 내가 저속한 단어(내겐 평상어)를 쓰면 싫은 내색을 하며 올바른 표현으로 바꿔주기도 했다. 세 명이 모인 단톡방에 심심치 않게 난도가 높은 한자 문제를 출제하기도 하고, 신문이나 책에서 본 좋은 구절을 밑줄 그어 올리기도 했다. 사진 찍는 것을 좋아하셨고, 전문가 수준의 솜씨였는데 생전에 전시회를 열어드리지 못한 것이 아직도 후회로 남아 있다.

음악이면 음악, 미술이면 미술, 문학이면 문학, 모르는 것이 없는 분이었다. 그만큼 자존감도 강한 분이었기에 투병 생활을 하시면서도 의연한 모습을 잃지 않았다. 심지어 본인의 부고도 자신의 카톡으로 알리고 돌아가셨을 정도이다. (나중에 알고 보니 미리 써 놓고 사모님께 전송을 부탁하셨단다.)

그렇게 강한 분이었는데도 죽음이 다가오는 것에 대해서는 두려움이 있으셨던 것 같다. 어느 토요일 윤 교수님과 함께 만난 자리에서 교수님은 주변 정리를 시작하셨는지 내게 그동안 모아놓았던 와인 관련 서적 여러 권을 선물로 주셨다. 아무렇지 않은 척하셨지만, 나는 그분의 흔들리는 눈동자를 보았다. 조심스럽게 여쭤보았다. "교수님, 밤에 잘 못 주무시죠?" "응, 잠이 잘 오지 않네."라고 순순히 답하시는 그분의 눈이 힘겨워 보였다. "교수님, 명상 한번 해보시겠어요?"라고 여쭙자, "한번 해볼까?" 하신다. 이전 같으면 어림도 없는 소리였을 것이다. 의사이자 학자로서 과학이 증명하는 것 외에는 별로 관심이 없는 분이었다. 그러던 분이 간절함이 배어 있는 표정으로 명상 제안을 받아들이셨다.

마음에 두고 있었던 명상 선생님을 소개해 드렸더니 몇 차례 명상 수업을 받으셨던 것 같다. 한 달쯤 지나 다시 뵙게 되었을 때 잘 되어 가고 있는지 여쭤봤는데, 그만두었다고 하셨다. 명상이 단기 치료법이 아니기에 인내심을 갖고 꾸준히 하시기 어려울 것이라 염려하긴 했었다. 아쉽지만 더 이상 밀어붙일 일이 아니어서 그 이후로 더 이상 명상 이야기를 꺼내지는 않았다.

죽음을 앞둔 이에게 명상은 과연 무슨 소용이 있었을까? 나에게 같은 일이 일어난다면 나는 그때도 명상을 할 수 있을까? 쉽지 않은 일일 것이다. 하지만 역설적으로 명상이 가장 필요한 시기가 이때이다. 다른 사람들 앞에서 의연하고 대범한 모습을 보이셨던 윤 교수님도 죽음에 대한 공포와 삶에 대한 애착에 있어서는 예외가 아니었을 것이라고 생각한다. 건강했을 때 그분을 행복하게 만들어주었던 것들(음악, 사진, 와인, 책……)과 가까이 지낼 정신적 여유는 사라지고, 그분의 생활은 병원 치료와 치료 후 고통 그리고 잠시의 회복 기간으로 순환되었으니 긍정적인 생각이 파고들어 갈 틈이 없는 것이 당연했을 것이다.

자신의 죽음이 언제 올지 아는 일은 범인에게는 큰 형벌일 수밖에 없다. 그러다 보니 남은 시간 삶의 질은 바닥으로 떨어지게 된다. 이쯤에서 냉정하게 생각해 보자. 남아 있는 시간을 두려움과 좌절로 채울 것인가, 아니면 최대한 의미 있게 삶을 마무리할 수 있도록 무언가를 할 것인가? 가능하기만 하다면 후자의 삶을 살아야, 아니 전자의 삶을 피해야 하지 않을까? 그러기 위해서 명상을 해야 한다.

사실 우리 모두는 죽음을 앞에 두고 있다. 그 앞이라는 것이 멀거나 가까울 뿐이고, 그 시간을 아는가 모르는가의 차이가 있을 뿐이다. 죽음이 멀리 있거나 그 시간을 모르는 사람에게 뇌는 죽음을 주제로 말을 걸지 않는다. 그렇기 때문에 음악과 문학, 스포츠와 사랑과 같은 주제로 삶을 채워가는 일이 가능하다. 반대로 죽음이 가까이 다가왔음을 아는 이에게 뇌는 죽음을 소재로 다양한 변주를 해가며 하루 종일 말을 건다. 그렇지 않아도 힘든 사람을 바닥으로 몰아붙인다. 이러한 뇌의 놀음에서 벗어나야 한다. 불필요한 뇌와의 대화를 단절해야 한다. 그래야 정상적 몸 상태였을 때의 자신으로 돌아가는 일이 가능해진다.

불필요한 대화를 단절하는 최선의 방법이 명상이다. 쉽지 않은 일이긴 하다. 진통제처럼 즉각적인 효력을 발휘하는 것도 아닌 일을 하기 위해 시간을 내어 자세를 잡고 앉는 것 자체가 힘든 일이다. 곧 죽을 목숨, 이런 짓을 해서 뭐하나 하는 자괴감도 들 것이다. 이 역시 뇌의 방해이다. 호흡에 집중하려 해도 뇌는 종알거림을 멈추지 않을 것이다. 그때마다 호흡으로 돌아오면 된다. 그 간격은 처음엔 30초였다가 시간의 흐름에 따라 1분, 2분…… 늘어난다. 어느덧 뇌의 방해로부터 자유로워진 자신을 발견하게 된다. 혼란스럽게 출렁이던 흙탕물 같았던 마음이 바람 한 점 없는 레이크 루이스Lake Louise(캐나다 밴프 국립 공원 내에 있는 세계 10대 절경의 아름다운 호수)처럼 영롱한 청록빛의 호수로 바뀌게 될 것이다.

    마음이 고요해지면 생각이 달라진다. 죽을 날을 기다리는 폐인에서 남은 날을 더 잘 살아야 하겠다는 의지를 가진 '원래의 나'로 돌아설 수 있게 된다. 쉬운 일은 아니겠지만, '언제 죽을지 알게 되었으니 내 남은 인생의 계획이 더욱 명확해졌다.'는 극강의 긍정 마인드가 생길 수도 있다.

    지금도 문득문득 윤 교수님이 그립다. 좋은 와인을 마시고, 멋진 영화를 보고, 추천하고 싶은 책을 읽을 때마다 그분께 카톡을 보내고 싶다. 그러면 멋진 말의 답장이 되돌아올 것 같은 기분이 든다. 오늘 이 글을 다 쓰고 나서는 이런 카톡을 보내고 싶다. '윤 교수님, 죽음의 공포가 사라진 생활은 어떤가요? 명상은 하고 계세요?' 어떤 답장이 올지 궁금하다.

19

밥 먹기 명상

수년 전 대학교 졸업 예정자를 인턴 사원으로 채용한 적이 있다. 일을 배우는 속도도 빨랐고 일 처리 감각도 뛰어난 친구였는데, 문제가 하나 있었다. 밥 먹는 속도가 너무 느렸다. 함께 점심을 먹으러 가면 숟가락 내려놓고도 10분 이상을 기다려줘야 했다. 처음에는 무안해하지 않도록 식사 속도를 맞춰주려 노력해 보았는데, 노력으로 해결될 일이 아님을 곧 알게 되었다. 가급적이면 그 친구와의 점심 식사 자리를 피할 수밖에 없었다. 몇 달 후 다른 회사의 정식 직원이 되어 우리 회사를 떠났고, 그의 느린 식사 속도는 전설 속으로 사라졌다.

사실 우리나라 사람들의 밥 먹는 속도는 너무 빠르다. 특히 직장인들의 점심 식사 속도는 포뮬러 원(국제 자동차 프로 레이싱 대회)의 피트 스톱(중간 정비를 위해 멈추는 것)을 방불케 한다. 직장인들 점심시간의 구성을 보면, 점심시간의 혼잡한 엘리베이터를 기다려 식당까지 걸어가는 데 10분(이상), 줄 서서 기다리는 데 10분(이상), 음식 주문하고 나오기까지 10분(이상), 먹는 데 길어야 10분(이하)이다. 엄밀히 말해 식사가 아니라 급유라고 해야 옳을 듯하다. '점심에 뭐 먹었더라?' 생각이 나지 않는 게 당연하다.

밥 먹기뿐만 아니다. 출근 준비도 그렇고, 운전도 그렇고, 어떤 경우에는 음악 듣기도 그렇다. 시간의 문제가 아니라 무의식의 문제이다. 늘 하는 행동은 뇌에 패턴이 되어 입력된다. 그 이후에는 의식이 (크게) 개입하지 않은 상태에서 그 행동을 하게 된다. 가장 대표적인 행동 중 하나가 걷기이다. 특별한 의식이 아닌 다음에는 걸을 때마다 '왼발 내딛고 그다음엔 오른발……' 하며 걷는 사람은 거의 없을 것이다. (일과 중 점심)밥 먹기, 출근 준비, 운전하기와 같은 행동들도 패턴화되어 무의식적으로 하는 경우가 많다. 10분 안에 밥을 먹는 것이 가능한 이유이다. 한 숟가락 먹을 때마다 '오른손으로 들어 올리고, 입에 넣어 서른 번 씹고, 다음은 김치 한 점……' 한다면 1시간으로도 모자랄 일이다.

이런 패턴화는 24시간을 잘 쪼개 살아야 하는 요즘 사람들에게 반드시 필요한 덕목이다. 모든 것을 하나하나 의식하면서 살면 평소 하던 일의 삼분의 일도 해내지 못할 테니 말이다. 어느 세월에 그 많은 사람을 만나고 엄청난 양의 정보를 입력하겠는가? 멀티태스킹이 안 되면 생존하기 어려운 시대에 점심밥을 30분 이상 먹는다고?

    생각해 보면 슬픈 일이다. 밥을 먹으면서도 사무실에 돌아가 보내야 할 이메일을 생각해야 하고, 이메일을 보내면서는 주말에 볼 영화 티켓 예매를 걱정한다. 운전을 하면서는 집에 돌아가 '넷플릭스 뭐 볼까?'를 고민하고 정작 영화를 보면서는 밤 11시가 되기 전에 온라인으로 주문해야 하는 것들을 챙긴다. 지금 내가 하고 있는 일에 집중하지 못하고 산다. 사는 것이 사는 게 아니다. 밀려서 흘러가 버리는 일들이 대부분이다. 머릿속이 복잡할 수밖에 없다.

    '지금', '여기'에 있는 '나'에 집중해야 한다. 이것이 요즘 사람들 사이에서 언급되는 마인드풀니스mindfulness이다. '마음 챙김'이라는 말로 번역해서 쓰는데, 쉽게 말해 지금 여기서 내가 하고 있는 일에 주의를 기울여 관찰하는 것, 즉 알아차리는 것이다. 방법이 어려운 것은 아니다. 밥 먹을 때 밥 먹는 것을 알아차리고, 운전할 때 운전하는 행위 자체를 알아차리고, 빨래를 갤 때는 빨래 개는 것을 알아차리면 된다. 마음 챙김이 되었건 알아차림이 되었건 이게 왜 중요하고, 왜 도움이 되는 것일까?

    '그 일'에 집중하게 되면 그것이 주는 행복감을 느낄 수 있게 된다. 개인적으로 가장 큰 변화 중 하나가 설거지였다. 식사를 마치고 난 뒤의 지저분한 그릇과 손도 대기 싫은 음식물 찌꺼기 때문에 설거지 시간이 즐겁지 않았다. 그 시간을 어떻게든 때워보려고 음악을 틀어놓고 설거지를 했었다. 하지만 음악이 즐겁게 들리지도 않았고 설거지가 더 행복해지지도 않았다. 어느 날 음악을 꺼버렸다. 그리고 이왕 할 거라면 설거지 행위 하나하나에 집중해 보자고 생각했다. '마인드풀 설거지'를 시도한 것이다. 놀랍게도 마지막으로 싱크대 볼 안까지 구석구석 닦고 있는 내 모습을 발견했다. 요즘도 설거지를 할 때면 음악을 틀지 않고 설거지에 집중한다. 접시를 닦고, 싱크대 위 얼룩을 지우고, 마지막으로 행주를 깨끗이 빨아 너는 행위 하나하나를 알아차리며 설거지를 마치고 나면 묘한 행복감이 찾아온다.

    '에이, 그럴 리가?'라는 생각이 든다면 직접 해보면 된다. 지금 밖으로 나가 천천히 걸어보라. 개인적으로 걷기 명상을 할 때 쓰는 방법이 두 가지인데, 첫 번째는

발이 지면에 닿는 느낌에 집중하는 것이다. 왼발이나 오른발 중 하나를 정하고 그 발이 지면에 닿을 때 어느 면이 먼저 닿는지, 발바닥의 바깥쪽과 안쪽 중 어느 쪽에 힘이 더 가는지 자세히 관찰하며, '왼발(또는 오른발)'이라고 말한다. 그렇게 1킬로미터 정도만 걸어보라. 좀 먼 길을 걸을 때라면 걸음 수를 세는 방법을 권한다. 중간에 다른 생각에 빠져 숫자를 잊지 않기 위해 열 손가락 활용하면 좋다. 3천 걸음쯤 되면 머릿속이 맑아지는 기분이 들 것이다.

걷기 명상으로 마음이 안정된 것이 느껴졌다면 눈에 들어오는 조용한 카페에 들어가 기분을 좋게 만들어줄 메뉴를 주문하고 먹기 명상을 시도해 보자. 눈앞에 놓인 커피잔을 관찰하고 오른손을 뻗어 커피잔을 들어 올리고, 코 앞에서 커피의 향을 온전히 느껴본다. 그러고 나서 입에 한 모금 넣어 커피의 온도와 그 안에 섞여 있는 다양한 풍미를 알아차리려 해본다. 입안에서 커피를 30초 이상 느낀 후 목으로 넘긴다. 삶의 속도를 늦추며 지금, 여기에서 내가 느껴야 할 것들을 온전히 알아차리게 되는 새로운 경험을 하게 될 것이다.

지금, 여기, 나.

20

마음이 바쁜 겁니다

시간 계산에 서툰 편이다. 편이 아니라 많이 서툴다. 약속 장소에 갈 때, 모든 상황을 최상의 조건으로 가정하고 시간 계산을 하는 식으로 실수를 한다. 길은 막히지 않으며, 내가 원하는 시간에 버스가 와주고, 걸어가는 동안 어떤 방해 요인도 등장하지 않았을 때 걸리는 시간을 기준으로 삼으니 막판에 허둥대는 일이 비일비재이다. 심지어 허둥대기 전까지는 '너무 일찍 출발하는 거 아니야?' 하면서 시간이 남으면 할 일까지 생각해 놓는 엉뚱한 치밀함까지 보인다. 손에 만 원짜리 한 장 쥐고는 설렁탕 한 그릇 먹고, 커피와 디저트로 입가심하겠다는 황당한 계산법과 크게 다르지 않은 짓을 종종 하는 것이다.

어느 금요일이었다. 중요한 저녁 약속이 올림픽공원 근처에서 있었다. 이날도 어김없이 나의 초긍정 시간 계산법이 작동했다. 버스를 타러 길로 나갈 때까지 금요일 퇴근 시간이라는 가장 중요한 요인은 계산에서 배제된 상태였다. 길은 이미 꽉 막혀 있었다. 늦으면 안 되는 약속이었는데, 어떤 방법을 쓰더라도 제시간까지 약속 장소에 도착하는 것은 불가능해 보였다.

심장이 빨리 뛰기 시작하고 숨이 가빠진다. 다행히

명상 덕분에 그런 나를 알아차리고 호흡에 집중한다. 일단 택시를 잡아타고 지하철역까지 가기로 했다. 금요일 퇴근 시간, 택시가 잡힐 리 없다. 다시 심장 뛰는 속도가 빨라지기 시작한다. 길을 건너 반대편에서 택시를 겨우 잡았다. 엄청 막히는 길을 돌아 지하철역까지 가는데 기사님은 요령 부릴 생각을 안 하신다. 그래서는 안 되는 걸 알면서도 화가 올라온다. 판단하거나 따라가지 않고 화를 관찰한다. 화를 안은 채로 지하철역에 도착했다. 지하철에 오르고 나니 차창 밖에서 나의 화가 나에게 잘 다녀오라고 손을 흔든다. 그와 작별하고 나니 마음이 가라앉으며 제정신이 돌아온다. 그제야 약속 시간에 15분 정도 늦겠다는 양해 문자를 보냈다. 어떻게 해도 약속 시간을 맞출 수 없는 상황을 두고 나 혼자 난리를 치고 있었던 것이다.

유한한 것, 그래서 소중하게 여겨지는 것의 대부분이 스트레스의 출발점이 된다. 더 많이 갖고 싶은데 마음대로 되지 않기 때문이다. 크게 보면 돈, 시간, 몸이 그러하다. 개인적으로 물욕이나 건강에 대한 욕심보다 시간에 대한 욕심이 크다. 시간을 많이 갖고 싶은데 그게 마음처럼 되지 않아 스트레스를 받는 일이 잦다.

말도 안 되는 시간 계산법으로 곤란한 일을 겪는 것도 시간 욕심 때문에 생기는 일이다. 시간은 유한한데 하고 싶은 일은 많으니 마음만 바쁘다.

흔히들 '시간이 없다.'고 말하는 것은 하고 싶은 일, 또는 해야 할 일에 비해 시간이 모자라다는 뜻이다. 또는 주어진 시간에 '그 일'은 하고 싶지 않다는 의미로 쓰이기도 한다. 이것은 '돈이 없다.'나 '몸이 말을 듣지 않는다.'에도 똑같이 적용될 수 있다. 돈이 없는 것이 아니라 있는 돈에 비해 욕심이 과한 것이고, 몸이 할 수 있는 것 이상의 일을 꿈꾸고 있다는 소리이다.

마음을 줄이면 된다. 그러면 시간과 돈과 몸의 효능감이 늘어난다. 중요한 약속에 늦었던 '어느 금요일'에도 지하철에 타는 순간 마음을 내려놓았고 촉박하던 시간은 속도를 늦추기 시작했다. 약속 상대방에게 미안하지만 늦겠다는 문자를 보내고 나자 시간은 더 늘어났다. 그날의 저녁 식사는 나 때문에 조금 늦어졌지만, 금요일 교통 체증을 뚫고 와준 나에게 오히려 감사하는 분위기 속에서 즐거운 시간으로 마무리되었다. 이유가 무엇이건 약속 시간에 늦은 것은 결코 잘한 일이 아니다. 하지만 이미 일은 벌어졌다. 달라질 것은 아무것도 없다. 그날도 마음이 급한 탓에 우왕좌왕하지 않았더라면 5분은 덜 늦을 수도 있었다. 이미 늦은 상황에서 늦지 않고 싶다는 마음을 내려놓으면 된다.

명상은 받아들이는 훈련이기도 하다. 명상을 하는 중간에도 수없이 많은 생각이 의지와 상관없이 떠오른다. 누구에게나 일어나는 정상적인 현상이다. 이때 생각이 떠올랐음을 알아차리되, 판단하거나 평가하지 않고 다시 호흡으로 돌아가면 된다. 이런 일을 반복함으로써 조금 더 호흡에 집중할 수 있게 됨은 물론이고, 자신의 의지와 상관없이 찾아온 생각이나 감정을 객관적으로 알아차리고 감정 이입 없이 받아들이는 힘이 생기게 된다. 마음이 바빠지면 바빠진 마음을 관찰하라. 그리고 그것이 결과를 바꿀 수 없음을 받아들여라. 그러면 시간이 늘어나는 마법을 체험하게 될 것이다.

21

명상, 별것 아닙니다

반려견을 새로 입양했다. 10년간 함께했던 친구를 떠나보내고 얼마 되지 않은 때였기에 고민이 많았다. 갖가지 고민을 떨치고 새로운 반려견을 입양했던 단 한 가지의 이유는 나에게 '이것'이 필요했기 때문이었다. '이것'은 결국 새로운 반려견의 이름이 되었다. 온도.

새롭게 인연을 맺은 온도는 (모든 강아지가 그렇듯) 사랑스러웠지만, 용맹한 테리어(온도는 웰시 테리어라는 견종이다.)의 피를 물려받아 에너지가 충만한 강아지였다. 나의 새벽 루틴이 깨졌다. 특히 내가 가만히 앉아 명상하는 꼴을 두고 보지 못했다. 내 생활에 온도가 생긴 대신 아침 명상의 시간이 사라졌다. 명상 없는 날이 일주일 정도 지속되었다. 달라진 나의 모습이 발견되기 시작했다. 일단 말의 속도가 빨라지고 있었고, 감정의 변화가 찾아오는 주기도 잦아졌다. 그나마 그동안의 명상 덕분에 달라지는 모습을 알아차릴 수 있는 것은 다행이었다. 어떻게든 명상을 다시 시작해야 했다. 출근 시간을 조금 당겼다. 업무가 시작되기 전 책상에 앉아 에어팟을 끼고 명상을 했다. 틈이 날 때마다 생활 명상의 시간을 늘렸다. 걷기 명상, 운전 명상, 밥 먹기 명상, 빨래 개기 명상······.

명상은 인간을 개조하거나 특별한 능력을 갖게 해주는 묘법이 아니다. 명상은 이 닦기 같은 것이다. 방법이 대단히 어렵거나 효과가 놀랍지는 않지만, 규칙적으로 하지 않으면 티가 나는 일이다. 바로 이런 반문이 가능할 법하다. "그렇다면 명상을 하지 않는 대부분의 사람들은 티가 나는 것을 모르고 산다는 것인가?" 그렇다. 요즘은 하루 세 번 이를 닦는 것이 보편적인 일이 되었지만, 내가 어릴 적만 하더라도 이는 아침에 한 번 닦으면 끝이었다. 입냄새나 치과 질환에 예민하지 않던 시절에는 다들 그렇게 하고 살았다. 명상을 하지 않으면 명상을 했을 때의 상태를 모르기 때문에 티가 나지 않는다고 생각할 뿐이다. 그냥 누구에게나 당연히 감정의 변화는 일어나는 것이고, 그것을 표출하면서 사는 것이 삶이라고 생각하는 것이다.

나의 검색 기록을 추적해 광고가 따라붙는 기술 탓에, 필요하다 싶은 것이 생기면 귀신같이 광고성 피드가 뜬다. 덕분에 욕실이나 주방을 청소할 때 스펀지가 닿지 않는 틈새를 닦을 수 있는 빗처럼 생긴 물건을 샀다. 그 효과가 기막히다. 욕실 수전 틈새를 닦아내니 시커먼 때가 쏟아져 나온다. 수전 겉만 닦는 것이 좀 찜찜하긴 했지만 그 속이 이렇게 더러운지 몰랐다. 명상을 하는 것과 하지 않는 것의 차이가 이런 것이다. 수전 틈새를 닦아내는 효과를 경험했으니 더 이상 모른 체하고 넘어갈 수가 없게 되는 것이다.

이런 반응이 또 나올 법하다. (실제로 많이 듣는 말이다.) "꼭 그리 피곤하게 살아야 하나?" 피곤하게 사는 것이 아니다. 이를 닦지 않고 살면 귀찮은 일 하나 덜어낸 듯하지만 입냄새는 물론이고 치과 환자 신세를 면치 못하는 인생을 살게 된다. 빗처럼 생긴 솔로 주방과 욕실의 틈새까지 닦는 일을 하면서까지 피곤하게 살지 않아도 되지만 그러려면 깨끗한 욕실과 주방에서 사는 기쁨을 포기해야 한다. 명상도 똑같다. 명상을 하지 않음으로 생기는 티는 명상을 해보지 않으면 잘 나지 않는다. 하지만 보이지 않는, 감지하지 못하는 티가 쌓여 시간이 흐른 후에 감당하기 어려운 문제가 된다.

명상을 한다고 해서 인생의 문제가 다 사라지는 것은 아닐 것이다. 하지만 하루의 삶을 조금 느린 속도로 차근차근 알아차리며 제대로 사는 데는 큰 도움이 된다. 불필요하게 화를 내서 나와 남의 하루를 망가뜨리는 일을 하지 않게 되고, 하지 않아도 될 말을 해서 후회의 여운이 하루를 흔드는 일도 줄어들게 된다. 하루를 마감하는 밤, 마음을 고요하게 만들어 일기를 쓰는 일이 가능해지고, 고마웠던 사람을 떠올리며 진심으로 감사의 인사를 전할 수 있게 된다. 점이 이어져 선을 만들 듯 그런 하루하루가 모여서 꽤 의미 있는 삶이 이어져 나간다.

'한 번에 하루씩'. 너무 멀리 보며 큰 꿈을 꾸기보다 하루를 충실히 사는 일이 중요하다는 것을 어느 순간 깨닫게 되었다. 멋진 미래를 담보로 오늘을 허비하거나 망치는 일은 하지 않으려 애쓴다. 명상은 그런 하루를 위한 이 닦기 같은 일이다. 오래 닦으면 더 좋다.

22

슬픈 메뉴, 짬짜면

짜장면을 먹으면 늘 후회한다. 먹고 나면 속이 불편해지기 때문이다. 그런데 참 희한하게도 너무 짜장면이 먹고 싶은 날이 가끔씩 있다. 아마도 당구장에서 먹던 짜장면 맛의 기억이 아직 남아 있기 때문이지 싶다. 그런 날 점심에 중국집에 가면 엄청난 갈등에 휩싸인다. 이 갈등은 금요일 퇴근 시간에 강북 강변을 탈 것인가, 아니면 올림픽대로를 탈 것인가의 고민보다 결코 가볍지 않다. 중국집에 도착할 때까지는 '오늘은 속이 불편하더라도 반드시 짜장면, 그것도 달걀프라이 올린 간짜장을 먹을 테다.'라고 굳은 결심을 하고 가지만, 막상 주문을 할 때가 되면 망설인다. 그러곤 십중팔구 짬뽕을 시킨다.

지금은 거의 사라진 듯하지만, 예전에는 짬짜면이라는 메뉴가 있었다. (그게 유행하기 시작하니 볶짬면, 볶짜면 같은 하이브리드 메뉴도 생겨났었다.) 짬뽕과 짜장으로 인해 깊이 패인 서민들 마음속 갈등의 골을 한 방에 해결한 아이디어였다. 한동안 유행하다가 사라진 이유는 아마도 이도 저도 아니었기 때문이었을 것이리라 짐작해 본다. 짜장면을 제대로 먹는 것도 아니고 짬뽕을 짬뽕답게 즐기는 것도 아니었기 때문이었으리라.

두 가지가 결합된 것은 두 가지를 모두 만족시켜 줄 듯하지만, 어느 하나도 제대로 만족시키지 못한다. 아니면 두 가지가 가지고 있는 단점을 동시에 견뎌야 하는 문제가 생기기도 한다. 요즘은 강아지도 서로 다른 견종을 교배한 믹스 견종이 유행인 듯한데, 듣자 하니 두 견종의 좋은 점을 모두 물려받았다는 장점이 있는 반면 두 견종의 유전병을 모두 갖고 있는 문제점도 있다고 한다.

비디오로 집에서 영화를 보던 시절, 비디오 플레이어와 티브이가 결합된 비디오비전이라는 제품이 있었다. 두 가지를 동시에 살 필요도 없고, 집이 좁은 경우에는 놓을 자리 문제도 해결해 주는 장점이 있었지만, 둘 중 하나가 고장나 못 쓰게 되면 존재의 의미 자체가 사라지는 문제가 있었다. 본질적으로 티브이가 좋은 것도, 비디오 플레이어가 좋은 것도 아니어서 비디오가 시장에서 사라지기 전에 먼저 자취를 감췄다.

두 가지를 물리적으로 결합해 두 선택 사이의 갈등을 해소하거나, 두 가지의 좋은 점을 모두 취함으로써 아예 선택의 필요성을 없애는 것은 일견 합리적인 일처럼 보인다. 어느 것도 놓치고 싶지 않은 인간의 본능, 즉 '탐貪'에 대한 대응책이다. 하지만 이런 것들이 지속적으로 존재하거나 의미를 갖지 못하는 이유는 근본적으로 세상의 이치와 동떨어져 있기 때문이다. 즉, 인생이 좋은 것만으로 구성될 수 없다는 진리에 반하는 행위이기 때문이다. 낮이 있으면 밤이 있기 마련이고, 오르막이 있은 후에는 내리막이 있다. 똑똑한 인간만으로 구성된 조직이 최선이 아니며, 좋은 일만 계속되는 날이 영원하지 않다는 것을 대부분의 사람들은 경험하며 산다. 좋은 것과 좋은 것의 결합이 반드시 더 좋은 것이 아니다.

이솝 우화가 알려주었듯 좋은 것을 입에 물고 개울에 비친 좋은 것을 더 갖기 위해 짖는 순간 입에 문 것을 놓치게 되어 있다. 손에 쥔 것을 놓아야 새로운 것을 잡을 수 있다. 좋은 것 두 가지를 동시에 가지려는 것은 욕심 많은 자의 어리석음이다. 지금 갖고 있는 것, 또는 가질 수 있는 것에 만족하는 것이 현명하다. 지금의 자신, 지금의 자신이 갖고 있는 것, 처한 상황에 만족하는 마음을 갖기 위해서는 명상이 큰 도움이 된다.

명상이 욕심을 줄이거나 제어할 수 있다는 말인가? 그렇다.

탐욕으로 가득 찬 인간형이 아니라면, 갖고 싶은 무언가를 갖지 못했을 때의 상실감이나 욕구 불만이 영원히 지속되지는 않는다. 그 또한 지나간다. 시간의 문제일 뿐이다. 시간이 흐르고 나면 '내 욕심이 좀 과했던 것 아닌가?', '어찌 다 갖고 살 수 있겠나?'라는 식의 자기 성찰이 가능해진다. 명상은 마치 축지법처럼 상실감과 자기 성찰 사이의 갭을 줄여주는 역할을 한다. 무언가를 더 갖고 싶다는 뇌의 메시지를 따라가는 대신 호흡에 집중함으로써 중립적인 태도를 유지할 수 있게 되니 올바른 자기 성찰의 상태로 상대적으로 빨리 돌아오게 해준다.

우리는 같은 상황에 대해 선택을 두 번 해서 결과가 다른 삶을 비교하며 살 수 없다. 로버트 프로스트의 시, '가지 않은 길 The road not taken'이 말하는 주제가 이것이다. 교통체증이 심한 날의 길 선택이 그러하다. 꽉 막히는 것이 눈에 보이는데도 내비게이션이 시키는 대로 갈 것인가, 아니면 자신의 촉을 믿을 것인가? 내

비게이션을 굳게 믿고 선택한 길이 계속 막힐 경우, 두 가지 상상이 가능하다. 자신이 가려 했던 길도 막힐 것이다, 아니면 자신의 촉이 옳았을 것이다. 당신은 어느 쪽인가? 전지적 관점에서 누군가 판정을 해준다면 모르겠지만, 선택하지 않은 쪽의 사정을 알 수 없다면 어떤 상상을 하는 편이 행복하겠는가? 자신이 지금 하고 있는 선택에 만족하는 쪽 아닐까? 설사 객관적으로 옳지 않은 선택이었다 하더라도 순간 이동으로 선택을 뒤집을 수 없다면 하지 않은 선택에 대한 미련은 마음마저 꽉 막히게 만들 뿐이다.

어떤 선택을 하든 자신의 선택이 옳다는 자기기만을 하자는 이야기가 아니다. 틀렸을 수 있다. 그날만큼은 짜장면을 먹었어야 했는데 짬뽕을 선택했을 수도, 망설이다 선택한 길이 접촉 사고 때문에 최악으로 막혔을 수도 있다. 지금, 여기의 나에 집중하자는 것이다. 하지 않았던, 그래서 지금 내가 할 수 없는 선택 때문에 고민하고 힘들어하지 말자는 것이다. 짬뽕 맛에 집중. 호흡에 집중.

23

몰입이 주는 기쁨

주로 새벽에 글을 쓴다. 해가 떠 있는 동안은 회사 일을 해야 하니 좀체 틈이 나지 않고, 해가 지면 이런저런 핑계로 한잔해야 하니 시간이 되질 않는다. 이뿐만 아니라 아침형 인간이어서 해 뜨기 전에 머리가 가장 맑다. 조금 빠른 날은 새벽 4시 반쯤 일어나 2시간 정도 글을 쓰기도 한다. 집중력이 최고조에 달하는 시간이다.

특히 추운 겨울 새벽은 글쓰기에 안성맞춤이다. 아직 창밖은 한밤중처럼 깜깜하고 차가운 날씨에 시간마저 얼어붙은 느낌이어서 비현실적인 진공의 상태를 경험할 수 있다. 그날도 겨울 새벽이었다. 냄비를 태워 먹었다. 글쓰기 전에 차를 내리다 보니 고구마와 함께 먹으면 좋겠다는 생각이 들어 고구마를 삶기 시작한 것이 발단이었다. 한창 글쓰기에 몰입해 있던 순간 큰일 났다 싶은 냄새가 진동하기 시작했다. 냄비 불을 껐어야 하는 시간을 한참 넘긴 시간이었다. 물이 다 졸아 버린 것은 물론이고 냄비 안에 있는 실리콘 찜기가 눌어붙었고, 조금만 더 놔뒀더라면 냄비에 불이 붙기 직전이었다.

윗집의 저녁 메뉴가 뭔지 맞힐 수 있을 정도로 후각이 예민한 편인데, 찜기가 눌어붙고 냄비가 타고 있는 것을 몰랐다니. 완벽한 몰입을 경험한 것이다. 차갑고 어두운 창밖은 훌륭한 가림막 역할을 해주고, 따뜻하게 우린 차는 마음의 물결을 잠재우고, 그저 나는 생각의 조각들을 이어 붙여가며 글을 완성하면 된다. 잘못 붙인 생각을 떼어내어 순서를 바꾸고, 더 나은 조각을 발견하면 갈아 끼운다. 더 그럴듯한 문장이 완성되면 득의만만한 미소도 짓는다. 한 페이지가 채워지면 가상의 독자가 되어 문장을 읽어 내려가고, 가다가 덜컥 걸리면 연결된 퍼즐을 다시 들어낸다. 이 시간, 나는 나만의 지구에서 홀로 존재한다. 그러니 다른 지구에 존재하는 냄비를 인식할 능력 자체가 존재하지 않는 것이다.

종류와 정도의 차이가 있겠지만 다들 비슷한 경험을 가지고 있을 것이다. 누군가에게 그것은 독서일 수도, 누군가에게는 달리기일 수도, 다른 누군가에게는 요리일 수도 있을 것이다. 그것이 무엇이 되었건 몰입은 특별한 만족감을 준다. 성취감이라고 표현하기엔 너무 딱딱한 감성적 만족감이다. 뇌를 온전히 한 가지에 집중했을 때 오는 행복감이다. 자신이 좋아하는 일 한 가지에 몰두하는 동안 뇌는 다른 자극으로부터 자유로워진다. 좋아하는 일을 할 때 분비되는 도파민이 감정을 긍정적인 방향으로 견인하는 동안, 불필요한 자극은 차단됨으로써 행복감의 수치가 올라가는 것이리라.

호흡에 집중하며 명상하는 것이 뇌에 온전한 휴식의 시간을 주는 것이라면, 좋아하는 일에 몰입하는 것은 뇌에 긍정적인 에너지를 주입하는 것이다. 하루 중 정해진 시간을 자신이 좋아하는 일에 집중해야 한다. 가만히 앉아 어제 하루를 돌아보라. 24시간의 타임 시트를 만들어보라. 그중에 자신이 좋아하는 일에 얼마큼의 시간이 할당되었는가? 휴식이라는 명분으로 휴대폰 들여다보기와 티브이 보기에 너무 많은 시간을 할애하고 있지는 않은가? 매일 저녁 술 약속으로 가득 차 있지는 않은가?

적어도 일주일에 서너 번 이상, 그리고 한 번에 한 시간 이상 자신이 좋아하는 일에 시간을 내주어야 한다. 명상이 뇌를 절전 모드로 전환하는 것이라면, 좋아하는 일을 하는 것은 뇌를 웃게 만드는 것이다. SNS나 티브이를 보면 얼굴, 즉 겉은 웃고 있을지 몰라도 뇌는 힘들어한다. 유튜브나 인스타그램의 바다에서 한 시간가량 서핑을 하고 나면 뇌의 피로도가 올라가는 것을 느낄 수 있다. 뒷맛이 좋지 않다. '십 분만 해야지.' 했던 것이 한 시간이 훌쩍 지났을 때의 기분이란. 입에 단 불량식품을 한가득 먹은 느낌이다.

  굳이 좋아하는 일을 새로 만들 필요는 없다. 좋아하는 일이라는 것이 대단하거나 특별한 일이 아니어도 좋다. 내가 아는 후배 중 하나는 청소할 때 가장 행복하다고 한다. 꽤 많은 사람이 동네 산책을 좋아하는 일의 리스트에 올리는 것 같다. 생활을 위해 분주히 돌아다니던 동네를 산책을 위해 걸어보니 보이지 않던 것들이 보이고, 보았던 것들도 새롭게 보이는 행복한 경험을 하게 된다고 한다. 명상을 위해 생각을 내려놓고 걷는 것도 좋은 방법이지만, 이 또한 뇌를 웃게 만드는 훌륭한 방법이다. 편한 운동화와 시간을 낼 여유만 있으면 가능한 일이다. 아는 친구 하나는 건물 옥상에 작은 텃밭을 가꾸기 시작했는데, 거기에 푹 빠져서는 만날 때마다 텃밭에서 키운 채소로 샐러드 해 먹은 얘기를 하고 또 한다. 그의 뇌가 웃고 있는 것이 내 눈에도 보일 정도다.

탐닉과 몰입은 다르다. 탐닉耽溺의 두 번째 글자는 빠진다는 뜻이다. (익사溺死의 익과 같은 글자이다.) 헤어나기 힘든 것을 의미한다. 몰입沒入의 첫 글자도 빠진다는 뜻이긴 하지만 뒤의 글자가 (자신의 의지로) 들어간다는 의미여서 자신이 원할 때 나올 수 있다는 점에서 다른 것이다. 좋아하는 일에 몰입하면 생각했던 것보다 더 많은 시간을 쓰기도 한다. 하지만 자신의 의지로 조절이 가능하다. 독서에 탐닉하는 사람도 있긴 하지만, 극히 예외적인 경우이다. 몰입은 뇌를 기쁘게 해주는 즐거운 명상법이다.

24

FOMO 극복하기

전에 함께했던 반려견 키우는 이야기를 중심으로 인스타그램 계정을 운영했었다. '독dog스타그램'이 대부분 그렇듯 반려견을 키우거나 관심 있는 인친들이 빠르게 늘어났다. 현실 세계에서는 몇 명 되지 않는 친구가 인스타그램의 세상에서 꽤 많이 생기고, '좋아요'의 숫자가 늘어나니 새로운 인생을 사는 것 같은 기분이 들었다. 댓글을 통해 강아지 키우는 이야기를 주고받고, 필요한 정보를 공유하다 보니 현실의 친구보다 낫다는 생각이 드는 순간도 있었다.

이렇게 인스타그램에 재미를 붙이고 나니 강아지 이야기뿐만 아니라 살아가는 이야기도 하나둘 올리기 시작했다. 인스타그램을 하기 전까지는 '도대체 자신의 일기 같은 이야기를 왜 일면식도 없는 사람들에게 공개하는 걸까?'라고 생각했었다. 그런데 내가 그 일을 하기 시작한 것이다. 나의 피드에 따뜻한 응원이나 진심 어린 찬사를 보내주는 친구들과 나의 삶을 조금씩 공유했다. 와인과 음식에 대한 이야기를 올리자 친구와 댓글 그리고 '좋아요'는 더 늘었다. 재즈와 클래식에 대한 이야기를 하기 시작하면서 새로운 친구가 더 생겼다. 또 하나의 세상을 갖게 된 기분이었다.

세상 모든 일이 그러하듯, 기쁨 뒤에는 비용 청구서가 뒤따른다. 이름도 얼굴도 모르는 친구 수백 명이 생기고, 내가 무슨 말 한마디만 하면 즉각적으로 반응해 주는 이 세상의 이면에는 두 가지 문제가 동시에 자라고 있었다. 첫 번째 문제는 현실 세계와 가상의 세계를 혼동하며 살게 된 것이었다. 인스타그램 친구의 말 한마디가 비타민 같은, 때론 다디단 밤 양갱 같은 역할을 했지만, 그는 현실 세계에는 존재하지 않으며 내가 알고 있는 그의 성향이나 성격은 만들어진 것일 수도 있는 것이었다. 인스타그램의 세상에서만 웃고 떠들다 칼로 무 자르듯 현실로 돌아올 수 있으면 문제가 되지 않겠지만, 우리의 뇌는 그렇게 단호하지 못하다. 현실과 가상이 구분되지 않을 정도로 섞이기 시작했다.

두 번째 문제는 상대적 박탈감이었다. 나보다 친구도 많고 '좋아요' 개수의 단위가 다른 사람들의 인스타그램을 보면서 생기는 문제였다. 그들은 내가 가볼 엄두도 내지 못하는 여행지나, 예약조차 어려운 미쉐린 스타 레스토랑의 사진을 올리며 천 단위의 '좋아요'를 받기도 하고, 범접하기 어려운 분야의 이야기들로 인친들의 찬사를 받는다. 그런 내용을 볼 때마다 '나는 뭘 하고 살고 있는 건가?'라는 질투 섞인 자조감에 머리가 혼란스러워지기도 했다. 그러다 보니 나도 모르게 더 멋있는 것, 더 새로운 것을 찍어 올리려 애쓰기도 했던 것 같다. 특히 그런 것들을 올려놓고 나서는 수시로 들어가 '좋아요'가 얼마나 늘었는지 체크하기도 했다. 한마디로 그런 내 모습이 한심했다. 더 한심한 인간이 되기 전에 인스타그램을 그만두기로 했다.

SNS가 생활화하면서 온라인 세상에서의 상대적 박탈감, 한 걸음 더 나아가 우울증까지 겪는 사람들이 늘고 있다는 이야기를 들었다. 나의 경우에 비추어 보더라도 결코 과장된 이야기는 아닌 것 같다. 요즘의 이런 사회적 현상을 FOMO라고 부른다. 'Fear of Missing Out', 즉 소외되는 것에 대한 두려움 때문에 정신적 고통을 겪는 사람들이 늘고 있다는 것이다. 내가 느꼈던 것과 같은 '난 도대체 뭘 하고 살고 있는 건가?'라는 자조감과 자괴감이 정신을 피폐하게 만든다는 소리이다. 안타까운 현상이다. 그렇다고 해서 나처럼 인스타그램 계정을 폭파하는 것이 능사는 아닐 것이다. 인스타그램을 통해 다른 사람과 소통하는 즐거움이 큰 것도 사실이니 말이다.

즐기되 조금 더 건강한 태도로 즐기는 방법을 터득하는 것이 필요할 것이다. 일단 입장 바꿔놓고 생각해보자. 인스타그램을 이용하는 모든 사람이 그런 것은 아니겠지만, 나의 경우는 이랬다. 내가 올린 피드는 90퍼센트만 진실이었다. 더 멋진 사진을 만들기 위해 원래 없던 소품을 활용한 적이 있다. 좀 더 흥미로운 피드를 올리기 위해 평소에 하지 않던 일을 하거나 일부러 다른 방법으로 한 적이 있다. 거짓말을 하지는 않았지만 이야기를 좀 보태 감동이나 즐거움의 크기를 과장한 적이 있다.

우리가 FOMO를 느끼는 콘텐츠들이 모두 이렇게 생산된 것이라고 말할 수는 없겠지만, 노출되는 콘텐츠는 그들 삶의 특별한 순간이라는 사실은 분명하다. 선으로 이어지는 삶 속의 정지된 어느 한 점일 뿐이다. 거기에 남에게 보여주기 위한 양념이 더해지니, 그것이 그 사람의 삶 전체를 대변한다고 말하기 어렵다. 희로애락으로 연결되는 선의 삶을 살면서 '희'와 '락'의 순간을 포착한 점의 삶과 비교하는 것은 올바른 접근법이 아니다. 재미있는 영화나 잡지 보듯 하면 된다. 그중에서 보고 따라 할 만한 것이나 본받을 만한 것이 있으면 그렇게 하면 된다.

보다 근본적으로 생각하면, 온라인 세상에서의 소외감이나 박탈감은 자신에게 집중하지 못하는 데에서 오는 것이다. 내가 쥐고 있는 떡에 대한 확신이 없으면 늘 남의 떡이 커 보이기 마련이다. 남의 이야기에 더 많은 시간을 쓰는 사람들을 보면 대부분 자존감이 결여되어 있는 경우가 많다. 다른 사람과의 비교를 통해 자신의 위치를 확인하려고 하거나, 타인과의 관계를 자신이 갖고 있는 능력의 일부라고 착각한다.

명상은 자신에게 집중하는 시간이다. 현재의 나를 있는 그대로 바라보고 받아들이는 수련을 통해 자기애를 키울 수 있게 된다. 다른 사람의 이야기를 들여다보는 시간을 줄이고 내 마음을 들여다보는 시간을 늘리는 것이 SNS의 시대를 현명하게 사는 방법일 듯하다.

25

빚지고 살지 않는 방법

쿨한 척하는 남자들 사이에서도 돈은 불화의 불씨가 된다. 큰돈도 아니고 밥값 내는 일로 사이가 틀어지기도 한다. 나도 밥값 때문에 보지 않게 된 사람이 있다. 일 때문에 볼 수밖에 없는 사람이었는데, 자기가 먼저 점심 약속을 정하고 밥을 먹고 나면 돈 낼 생각을 절대로 안 했다. 성격 급한 내가 늘 내고 말았다. 그런 일이 수차례 반복되니 '먼저 내고 마는' 내가 바보가 되는 기분이 들었다. 다른 시간에 만나도 될 일을 점심 약속으로 만들고 장소도 꽤 밥값이 나오는 곳으로 자신이 정한다. '오늘은 자기가 내겠지.'라는 생각으로 밥을 먹고 나면 노골적으로 꼼지락거린다. 내가 밥을 사야 하는 입장이면 군말 없이 사겠지만, 처지로 보자면 무언가를 부탁하는 쪽은 그였다. 다시 보지 말아야겠다고 결심했고, 아직 그 결심을 잘 지키고 있다.

주변에는 이런 얌체들이 있기 마련이다. 가능한 한 자기 돈을 쓰지 않으려는 구두쇠뿐만 아니라 무슨 일이든 손해를 보지 않으려 애쓰는 사람들이 어디든 꼭 있다. 막히는 좌회전 차선에서 순간의 미안함을 뒤로 하고 옆 차선을 빠르게 달려 좌회전 차선 제일 앞쪽에 대가리를 디미는 사람. 말도 안 되는 곳에 불법 주차를 해놓고는 전화한 지 15분 만에 내려오는 사람. 내가 필요할 때 연락하면 로또 5등 정도 맞을 확률로 답하다가 자신에게 필요한 일이 생기면 낮밤 가리지 않고 연락해 대는 사람. 길게 늘어선 주문 줄 아랑곳하지 않고 해결되지 않는 할인 쿠폰 문제로 종업원과 실랑이하는 사람. 김수영 시인의 「어느 날 고궁을 나오면서」에 나오는 시구 '왜 나는 조그만 일에만 분개하는가'를 읊조리게 만드는 인간들이 우리 주변에는 심심치 않게 존재한다.

문제는 그들의 존재가 아니라 그들로 인한 우리의 분개함이다. 얌체는 얌치, 즉 염치가 없는 사람이다. 부끄러움을 잘 모른다는 소리이다. 부끄러워해야 할 이는 부끄러워할 생각이 전혀 없는데, 당한 사람 혼자 씩씩거린다. 그리고 아차 하는 순간 그 분노를 터트린다. 그러면 어떤 일이 일어나던가? 좌회전 차선 앞으로 대가리를 디미는 차를 향해 분노의 '빵~~'을 시현하면 주변 사람들의 눈살은 새치기를 한 차보다 도시 소음 유발자를 향할 가능성이 높다. 15분이나 지나 내려온 불법 주차 차량의 주인에게 한마디 하며 말싸움이 벌어져도 비난의 화살은 일방적으로 주차 빌런을 향하지 않을 수 있다. 주차 피해를 당하지 않은 사람 입장에서는 사태를 말싸움으로 몰고 간 사람을 탓할 확률이 높다. '별일 아닌 걸 가지고 시끄럽게 구는군.' 하면서 말이다.

　누군가 자신에 대해 비난의 말을 한 마디라도 던지면 그 순간을 견디지 못하고 그 비난의 부당성에 대해 열 마디 말로 대응하는 사람이 있다. 속 좁은 인간의 전형이다. 객관적 입장에서 생각해 보자. 비난의 말 한 마디에 대해 아무렇지 않은 듯 씩 웃어 보이면 그 말을 던진 '누군가'가 평가의 대상이 되지만, 열 마디 말로 되받아치는 순간 상황은 역전된다. 둘 중 어느 것이 자신에게 이익인가? 글로 읽으면 이해가 되면서도 자신의 일이 되면 용납이 되지 않는, 명제로서는 참일지 모르지만 실천하기 힘든 일이다. 이런 상황을 맞은 사람과 이야기하다 보면 "그렇게라도 하지 않으면 속 터져서 어떻게 살아요?"라고 반문한다. 무슨 말인지 모르는 바가 아니다. 하지만 자신의 화풀이를 위해 상대방이 받아야 할 폭탄을 구태여 자신이 받을 필요는 없지 않은가? 아니, 받으면 안 되지 않을까?

　이런 상황을 채권자와 채무자의 관계로 단순화해

보자. 잘못을 저지른 사람, 그래서 비난을 받게 되는 사람을 채무자, 그 잘못으로 피해를 본 사람, 그래서 사회적으로 동정이나 응원을 받을 사람을 채권자라고 해보자. 채권자가 되는 것이 낫지 않겠는가? 그런데 누군가의 잘못에 대해 그에 상응하는 대처를 할 경우에 상황은 역전될 수 있다. 잘못이 밥값, 새치기, 약속 깨기 등과 같이 사소한 (것이라 여겨지는) 경우에는 그 확률이 더 높아진다. '좀 참지 그랬어.'라는 식의 참견질과 함께.

화풀이의 대가로 채무자가 되지 않으려면 어떻게 해야 할까? 일단 화를 낸다고 달라질 것이 없다는 (속 터지는) 현실을 받아들여야 한다. 주차 빌런과의 말싸움에서 이기면 그 사람이 개과천선할 것인가? 하다못해 사과라도 할 것인가? 밥값 안 내고 요리 빼고 조리 빼는 친구의 만행을 만천하에 알린다 해서 그의 반성을 기대할 수 있을까? 달라질 것이 없는 일을 해서 자신의 지위를 채권자에서 채무자로 바꾸는 것은 어리석은 행동 아닐까? 그렇다 치더라도 터지는 속은 어떻게 할 것인데?

'다 이유가 있겠지.'라는 만트라를 외울 것을 권한

다. 밥값을 내지 않는 사람, 불법 주차를 하고도 미안해하지 않는 사람, 새치기를 하는 사람, 자신의 작은 이익을 위해 남에게 피해를 주는 모든 이에게는 '다 이유가 있을' 것이라 생각하자는 것이다. 자기 스스로는 완벽하게, 남에게 10원 한 장 피해 주지 않고 산다고 주장하는 사람도 알고 보면 사소한 잘못을 종종 저지르고 산다. 그에 대해 지적하면 다 이유가 있다. '중요한 미팅에 늦어서', '다른 일로 엄청 스트레스를 받은 상태여서', '매장 직원의 대응이 잘못되어서'……. 상대방도 마찬가지 경우일 수 있다. 그런 사정도 없이 그저 자신의 사소한 이익을 위해 그렇게 행동하는 사람도 분명 있을 것이다. 그런 사람들은 내 소관이 아니라고 생각해 버리면 그만이다.

이런 식으로 이야기하면 '부처님 나셨네.'라는 비아냥으로 되돌아 오기 마련이다. 부처님과는 거리가 아주 먼, 성격 급하기로는 상위 10퍼센트에 드는 나 같은 사람이 위의 이야기들을 대충이나마 실천하고 살 수 있는 것은 명상 덕분이다. 명상은 자극과 반응의 사이를 넓히는 데 큰 도움을 준다. 자극과 반응 사이에 '다 이유가 있겠지.'라는 만트라를 외울 정도의 여유가 생기도록 해준다. 호흡에 집중하면 자극과 반응의 사이를 넓힐 수 있다. 들숨이 날숨이 되는 순간, 날숨이 사라지고 새로운 들숨이 생성되는 찰나에 집중하다 보면 그 간격이 점점 명확하게 느껴지는 순간이 온다. 뇌의 움직임이 슬로비디오처럼 변화되는 경험을 하는 것이다. 명상으로 괜한 채무자 신세가 되는 것을 면해보면 어떨지?

26

치과에서

임플란트 시술 경험으로 치자면 대한민국 상위 1퍼센트에 든다. 겁먹고 있는 임플란트 초보들에게 "별것 아니야. 마취할 때만 조금 아프고 한 시간 정도 입만 잘 벌리고 있으면 돼."라고 잘난 척하지만, 실은 마취의 고통도 만만한 것은 아니다. 잇몸과 입천장에 주삿바늘이 들어가는 느낌이 썩 유쾌하지 않을뿐더러, 수술이 끝나고 난 이후 몇 시간 동안 지속되는 마취의 상태가 주는 묘한 우울감이 있다.

수술을 마무리한 의사가 내게 몸을 일으켜 입을 헹궈내라 하는데, 입 반쪽이 내 뜻대로 움직이지 않는다. 혹시 뇌졸중이 찾아와 반신불수가 되면 이런 느낌이겠구나 하는 상상력이 발휘된다. 몸의 건강 상태가 정점을 지난 것이 분명한 시기가 되니 병에 대한 상상력이 커가는 것은 어쩔 수 없다.

다행히 엉뚱한 상상은 오래가지 않는다. 곧바로 현실로 돌아와, 몇 시간 후면 정상으로 돌아올 아직은 건강한 내 몸에 대해 감사한 마음을 갖는다. 한 걸음 더 나아가 혹여라도 몸의 반쪽을 제대로 쓸 수 없는 상황이 온다면 어떻게 할 것인가에 대해 이성적으로 생각해 보게 된다. 마취되지 않은 반쪽의 입이 있으니 물로 헹구는 동작이 가능하지 않았던가. 정상적으로 가동하는 나머지 반쪽에 대해 충분히 고마워하는 삶을 사는 것이 현명하겠다는 생각도 한다.

머리로는 그런 생각이, 특히 아직 나의 몸이 정상으로 작동하는 상태에서는 가능하다. 하지만 몸이 말을 듣지 않는 일이 실제로 찾아온다면 '정상으로 남아 있는 나머지 반쪽에 대해 고마워'하는 일은 결코 쉽지 않을 것이다.

고마워하는 일에도 연습이 필요하다. 고마워하는 연습을 하지 않으면 그 영역은 원망에게 점령당한다. 고마워하는 능력과 남 탓을 하는 능력이 균형 있게 발달한 사람을 거의 보지 못했다. 아마도 마음속에 공존하기 어려운 구조인 듯하다. 고마워하는 재능을 가진 사람은 불행한 일이 생겨도 그 원인을 자신의 밖에서 찾으려 애쓰지 않는다. 반대로 무슨 일만 생기면 남 탓, 세상 탓을 하는 사람을 보면 웬만한 일에 감사할 줄 모른다. 원망스러운 삶을 살지 않기 위해서라도 고마워하는 연습을 해야 한다.

원망을 주특기로 하는 사람들은 대부분 늘 불행하다. 자신에게 좋지 않은 일이 일어날 때마다 '네가 그렇게 하지만 않았어도'라는 가정법을 항상 적용한다. 그러니 화가 날 수밖에 없다. 나는 아무 잘못도 하지 않았는데 상대방이 내 뜻대로 움직여주지 않아 나쁜 일이 생겼으니 얼마나 화가 나겠는가. 한편으로 이해가 가지 않는 것은 아니지만, 다른 한편으로 생각하면 참 안됐다 싶다. 자신도 자신의 뜻대로 못 하면서 어찌 남이 자신의 뜻대로 움직이길 바라는가. 비나 바람을 내 마음대로 할 수 없는 것과 같은 이치이다. 바람이 내가 원하는 방향과 반대로 분다고 속상해해 봐야 자신만 손해 아닌가.

　원망 대신 감사의 영역을 키우는 수련을 해보자. 태생적으로 고마워하는 재능을 타고났다면 굳이 필요 없을 일이지만, 자신의 의지와는 세상이 다른 방향으로 움직인다고 생각하는 경향이 있다면 한번 시도해 볼 만한 일이다. 일단 쉬운 것부터 시작하자. 하루를 마감하는 시간에, 오늘 고마웠던 일 다섯 가지를 적는 습관을 들여보자. 원망의 영역이 큰 사람에게는 결코 쉽지 않은 일일 것이다. 처음에는 하나도 생각해 내기 어려울 수 있다. 몇 번 하다 보면 깨닫기 시작한다. 내 앞에서 여닫이문을 잡고 기다려준 사람, 친절한 말 한마디로 마음을 따뜻하게 만들어준 카페 직원, 선뜻 달걀말이 반찬을 리필해 준 식당 주인……. 고맙다는 감정을 알아채지 못했을 뿐이지, 우리의 하루 속에는 감사의 순간이 얼마나 많이 있는지 알게 된다.

일상에 대한 감사를 알아차리는 일이 가능해진 다음에는 별로 감사하지 않다고 생각하는 일을 감사히 여기는 연습을 해보자. 출근길에 버스가 제시간에 와 준 일, 노트북이 별 말썽 일으키지 않고 하루를 보낸 일, 강아지가 속 썩이지 않고 배변해 준 일과 같이 당연하다고 생각되었던 일에 고마워해 보는 것이다. 마지막 단계는 나쁜 일이 더 나빠지지 않았음에 고마워하는 연습이다. 물론 어려운 일이다. 골프 격언 중에 이런 것이 있었던 것 같다. "아직 최악의 샷은 나오지 않았다." 지금 자신에게 일어난 나쁜 일보다 더 나쁜 일이 있을 수 있다는 말이다. 그러니 지금의 나쁜 일에 감사할 이유가 충분하지 않은가.

행복하다고 느끼는 사람이 모두 감사할 줄 아는 것은 아니다. 감사할 줄 아는 사람이 행복한 것이다.

27

설거지, 청소, 세차 그리고 명상

규칙적으로 생활하는 집안에서 자랐다. 정해진 시간에 일어나는 것은 너무나 당연한 것이었고, 은행원이었던 아버지는 드물게 약속이 있는 날을 빼고는 저녁 6시 반에 정시 귀가하셨다. 7시에는 온 가족이 둘러앉아 저녁을 먹었고, 내가 입시생이 되기 전까지 집안 전체의 취침 시간은 밤 11시였다. 일요일에는 조금 느슨하긴 했지만 크게 다르지 않았다. 오전 8시 넘어까지 자는 것은 허용되지 않았으며, 평일보다 조금 늦은 아침을 먹고 오전 9시에 방영되는 미국 드라마 〈초원의 집〉을 시청했다. 나가 놀고 있으면 오후 4시쯤 목욕 가방을 챙겨 나온 아버지가 나를 부르셨다. 목욕을 마치고 집에 오면 일요일은 마무리되고 월요일을 준비하는 시간이 시작되었다.

이렇게 자란 덕분에 지금도 꽤 규칙적인 생활을 하고 있지만, 부작용도 만만치 않다. 시간을 유연하게 활용하는 일에 서툴다. 정해진 시간에 시작하고 끝나지 않으면 마음이 편하지 않다. 시간뿐만 아니라 정해 놓은 생활의 방식이나 형태를 흐트러트리는 것을 잘 하지 못한다. 한마디로 융통성이 없는 삶이다. 하던 일을 툭 내려놓고 궤도에서 벗어나 쉬는 일을 잘 하지 못한다. 그럼에도 불구하고 몸이 피곤한 주말 오전이면 집 안 정리를 뒤로하고 소파에 누워 책을 뒤적이다 기분 좋게 낮잠을 즐기기는 하는데, 문제는 그다음이다. 달 게 자고 일어나니 몸은 개운한데 마음이 어지러워져 있다. 숙제 하나를 빼먹은 걸 발견한 일요일 저녁, 어 린 내가 겪었던 불안함 같은 것이 마음을 힘들게 한다. 쉬는 일에 일가견을 가진 분들이 들으면 '미친 놈 아닌 가?' 싶겠지만, 잘 쉴 줄 모르는 인간인 나에게는 '그냥 뭉개는' 일이 참 힘들다.

이렇게 어지러워진 마음은 깊이 가라앉기 시작한 다. 가라앉으며 마음속 깊이 잠재되어 있는 다양한 부 정적인 감정을 끄집어낸다. 달콤한 낮잠의 후유증이 생각보다 크다. 이럴 때는 일단 마음을 끌어올리기 위 해 미뤄둔 설거지를 하며 부엌을 구석구석 치우기 시 작한다. 부엌 청소의 여세를 몰아 집 안 청소도 한다. 낮잠으로 에너지가 잘 충전된 날에는 옷장이나 신발 장도 열어 정리한다. 이렇게 시작된 청소는 세차로 마 무리된다. 수심 100미터로 가라앉았던 마음은 어느새 수면 위로 올라와 있다. 긍정 게이지가 최고점을 찍는 다. '인생이 왜 이렇게 아름다워 보이는 거지?'

같은 경험을 하지 않았더라도 어떤 느낌인지 짐작은 될 것이다. 혹시 이런 현상을 경험한 적이 없다면, 마음이 자신을 괴롭힐 때 셋 중 한두 가지를 해보고 마음의 변화를 알아차려 보길 바란다. 일단 그렇다고 친다면, 설거지와 청소와 세차는 마음에 어떤 작용을 한 것일까? 마음을 평온하게 만드는 데 그런 일들이 어떤 도움을 준 것일까?

마음은 원래 빈집이다. 평범한 일상을 살아내는 생활인으로서 우리들은 빈집을 그저 빈 채로 놔두고 살지 못한다. 냉장고도 들여놓고, 식탁도 사들여야 한다. 음악이 필요하니 오디오 시스템도 갖춰놓고, 친구들을 초대하기 위한 멋진 그릇도 장만한다. 정도의 차이는 있겠지만, 빈집을 다양한 물건으로 채울 수밖에 없다. 처음에는 그런 일들 때문에 행복하다. 하지만 동시에 이런 물건들은 간수하고 관리해야 하는 대상이 된다. 집을 어지럽히고, 문제를 일으키는 주체가 되기도 한다. 우리의 마음도 똑같다. 태어났을 때의 마음을 기억하지 못하지만, 아마도 빈집과 같았을 것이다. 살면서 우리는 마음을 빈집 채우듯 온갖 것들로 채운다. 물건이 집을 어지르듯, 마음을 채운 것들이 마음을 어지르는 것이다.

살아가는 모든 과정과 마음은 실로 꿴 듯 연결되어 있다. 마음이 힘들면 생활이 어지러워지고, 삶이 흐트러지면 마음도 헝클어진다. 설거지하지 않은 채 싱크대에 방치된 접시들이 마음을 편치 않게 만들고, 몇 주째 먼지를 방치한 선반이 마음을 찜찜하게 한다. 물론 이런 것들이 아무렇지 않은 부류의 사람도 많다. 하지만 그런 사람들에게도 그 나름대로 흐트러지면 불편한 삶의 부분이 존재한다. 무언가를 잃어버리거나, 자신의 루틴을 깨뜨리는 상황이 오면 멘붕에 빠지는 사람도 있고, 남들은 흘려듣는 주변 사람의 말 한마디에 마음의 유리창이 깨지는 사람도 있다. 소유물, 루틴, 주변 사람. 이 모든 것이 우리의 빈집을 채우고 있는 것들이다.

마음을 편안하게 유지한다는 것은 마음을 원래 비어 있던 상태로, 적어도 그 상태에 가깝도록 만드는 일이라고 할 수 있다. 마음 안에 널브러져 있는 설거지 거리를 그대로 놔두지 말고 하나씩 정성껏 닦아 원래 있던 자리에 돌려놓는 일이 명상이다. 그리고 실제로 그릇을 닦고, 집을 치우고, 차를 깨끗하게 되돌려 놓는 일 그 자체도 명상이다. 자세를 잡고 명상하는 일은커

녕 자고 일어난 침대조차 정리할 에너지가 남아 있지 않은 날도 있을 것이다. 그런 날, 아주 작은, 정말 작은 일 하나를 해보자. 비뚤게 걸린 그림 액자의 각을 맞추거나, 현관에 아무렇게나 벗어놓은 신발을 정리해 보자. 메말랐던 땅에 작은 물구덩이 하나가 생길 것이다. 작은 물구덩이가 생겼다면 성공이다. 곧 그것이 샘이 되어 마음 전체를 적셔줄 것이다.

28

바닷물 마시기

나를 오랫동안 보아온 한 분이 이런 말씀을 하셨다. "더 잘될 줄 알았는데, 너를 볼 때마다 안타까워." "그런가요?" 이것이 나를 조롱하기 위한 것이 아니라 그분의 진심인 것을 알기에 최대한 중립적인 말로 대꾸했다. 한편으로는 지금보다 더 나은 처지가 될 수 있는 재능을 가졌다는 칭찬이었지만, 다른 한편으로는 '더 잘될 수' 있기 위한 나의 노력이나 운이 부족했다는 안타까움의 표현이기도 했다. 부정도 긍정도 아닌 말로 대답하긴 했지만, 나는 그분의 이야기에 동의하지 않았다. '잘된다'는 것이 무엇인지에 대한 생각도 달랐지만, 그분 말씀대로 잘됐다면 내가 어떤 꼴을 하고 있을지 쉽게 상상이 되었기 때문이기도 했다. "제가 더 잘됐으면 지금쯤 볼만했을 겁니다." 솔직한 마음이 말이 되어 나왔다. (실제는 이보다 더 심한 단어를 써서 말했다.)

2000년대 초반에 다니던 회사에서 나와 독립했다. 처음 몇 년간은 그야말로 아주 잘됐다. 오르막이 있으면 내리막이 있다는 상식적 교훈을 까맣게 잊을 만큼 잘됐던 것 같다. 그 몇 년이 지나고 생각지 못했던 위기를 겪었다. 사업적으로 힘든 시기를 꽤 오래 버텨야 했다. 그런데 이 기간이 나에게는 좋은 약이 되었다. 나와 나의 인생에 대해 냉정하게 돌아볼 수 있는 시기였다. 창피한 이야기이지만 삶을 어떻게 살아야 하고, 어떻게 사는 삶이 의미 있는 것인지 처음 깨달았다. 이런 과정을 거치면서 돈이라는 것이 삶의 목적이 아니라 가치 있는 삶을 살기 위해 필요한 수단 중 하나라는 가치관도 (그제야) 갖게 되었다. 이런 생각은 이후 명상을 시작하고, 그것이 미니멀리즘, 채식주의, 친환경 등의 가치관으로 연결되며 더욱 단단해졌다.

사업 초창기로 돌아가 상상해 본다. 부끄럽지만 이 당시 나의 관심사는 무슨 옷을 입고, 무슨 차를 타고, 어떤 집에 사는가였던 것 같다. 좋은 옷을 입고, 비싼 차를 타는 것이 나쁘다고 생각하지는 않는다. 하지만 그것이 잘 사는 삶의 절대 지표가 되는 것은 문제가 있다. 큰 문제이다. '탐貪'은 절대 멈추지 않기 때문이다. 탐은 다다익선과 'the more, the better'라는 도그마를 신봉한다. 좋은 것은 더 좋은 것, 비싼 것은 더 비싼 것으로 이어지게 마련이다. '여기까지'라는 스토퍼가 작동하지 않는다. 나도 그랬던 것 같다. 힘든 시기라는 과속 방지턱이 존재하지 않았더라면 나의 욕심도 끝간

데 없었을 것이다. '볼만한' 꼴이 되어 있었을 것이다.

'탐'은 바닷물 마시기에 비유된다. 목이 말라 마시기 시작하면 더 목마르기 때문이다. 물질이 성공을 대변한다는 착각에서 벗어나야 한다. 이룬 것에 비해 적은 것을 가진 사람, 덜 꾸미는 사람을 높게 평가하면서도, 정작 자신의 일이 되면 달라진다. 목적과 수단을 바꾸어 살지 말아야 한다. 수단이 목적인 양 목숨을 건다. 충분히 가졌음에도 불구하고 재산 싸움을 하는 재벌가 뉴스를 심심치 않게 듣는다. 말기 암 환자가 죽기 며칠 전까지 컴퓨터 앞에 앉아 주식 투자에 몰두했다는 이야기도 참 슬프다.

법정 스님처럼 무소유를 지향하며 살 수는 없는 노릇이다. 물질에 대한 욕망이 자본주의를 굴러가게 만드는 원동력임도 부정할 수 없는 사실이다. 잘 살기 위해서는 돈도 벌어야 하고, 돈 벌면 좋은 차도 타고 비싼 집에 살기도 해야 할 것이다. 문제는 멈춤이다. 어느 정도 선에서 멈추거나 속도를 늦출 수 있어야 한다.

명상이 브레이크 역할을 해준다. 명상을 하면서 집중하는 부분 중 하나가 들숨과 날숨 사이의 멈춤 구간이다. 찰나의 순간이어서 평소에는 잘 알아차리기 힘든 '시간'이다. 분명 들이쉰 숨이 몸 어느 곳에서 들숨으로 바뀔 텐데, 또 내쉰 숨이 코 앞 어디선가 새로운 들숨이 될 텐데 생활하면서는 거의 인지하지 못한다. 호흡에 집중하며 멈춤 구간에도 집중하다 보면 아주 짧은 이 순간을 포착할 수 있게 된다. 집중의 시간이 길어질수록 멈춤 구간도 뚜렷해지고 길게 느껴지게 된다. 이 수련은 평상시 생활 속에서도 멈춤 구간의 길이를 늘려준다. 자극과 반응의 사이, 생각과 행동의 시간차, 생각과 다음 생각의 간격을 넓혀준다. 자연스럽게 말의 속도도 느려진다. 헛말이나 후회할 행동을 할 확률을 줄여준다.

당연히 바닷물 마시기의 오류도 줄어든다. 명상을 몇백 시간 한다고 해서 무소유를 실천하게 되지는 않는다. 욕망과 행동 사이의 멈춤 구간을 만들어주어 욕망을 현실화하는 것을 억제해 준다. 정상적인 욕망은 시간의 흐름에 따라 온도가 낮아진다. 멈춤 구간이 욕망의 온도가 낮아질 여유를 주는 것이다.

몇 초에 불과할 수도 있는 멈춤 구간이 쌓여가면서 욕망에 대한 생각 자체도 변화한다. 무엇이 더 중요한 것인지 보이기 시작하는 것이다. 빠르게 달리는 욕망의 열차에 올라타면 앞만 바라보게 되어 삶의 아름다운 풍경을 지나쳐 간다. 욕망 열차의 속도를 늦추거나 잠시 멈추는 힘이 생기면, 열차 옆 아름다운 세상이 눈에 들어온다. 바닷물 마시기가 얼마나 어리석은 일인지 깨닫게 된다.

29

일어서려고 너무 애쓰지 마

아무 이유 없이 기분이 좋은 날도 있지만, 특별한 이유도 없는데 마음이 지하실에서 나오지 않는 날이 있다. 실은 이유가 없다는 말은 적절하지 않다. 무언가 이유가 있긴 있을 것이다. 단지 그것을 알지 못할 뿐이다. 이런 날은 아침에 쓰고 나온 회색 색안경을 좀체 벗을 수가 없다. 모든 것이 삐딱하게 보이고, 될 일이 하나도 없을 것 같은 기분에서 벗어나기 힘들다. 만사가 귀찮아 있던 약속도 취소하고 집에 일찍 들어와 보지만, 집 안도 여전히 깊은 바닷속이다.

'이런 때 하라고 있는 것이 명상이다.'라고 생각하면 오산이다. 이런 날은 명상도 별무소용이다. 생각에, 그것도 좋지 않은 생각에 끌려다니다 10분이 지나간다. 공연히 무얼 하려고 애쓰다 보면 개미지옥에 빠진 것처럼 더 깊이 빨려 들어간다. 이럴 때 신나는 음악을 트는 것도 어리석은 짓이다. 'I just call to say I love you~'라는 스티비 원더의 목소리가 야비하게 들리는 희한한 경험을 하게 된다. 퀸의 'We are the champions'를 틀면 나아질까 싶지만, 이런 소음이 없다. 경쾌한 음악으로 기분을 끌어올리는 것은 포기하는 편이 좋다.

일단 남아 있는 에너지를 끌어 모아 샤워부터 한

다. 기분이 좀 나아진 듯하지만, 수심 10미터나 8미터나 큰 차이가 없다. 이럴 때는 기분이 나아져야 한다는 강박을 내려놓는 것이 최선의 방책이다. 샤워로 조금 올라온 기운을 그런 결정을 하는 데 쓰는 것이 좋다. '넘어질 때도 있는 거지.'라는 쪽으로 기분을 돌리는 데 그 기운을 쓰는 것이다. 그리고 잠시 엎어진 채로 있으면 된다.

세상 모든 일에는 앞면과 뒷면이 있다. 작용이 있으면 반작용이 있기 마련이고, 밝은 면의 뒤쪽에는 그늘이 있을 수밖에 없다. 그렇다면 우울의 이면에는 무엇이 있을까? 이런 우중충한 감정 뒷면에서 긍정적인 무언가를 찾을 수 있단 말인가? 그렇다. 일단 넘어진 것을 인정하고 (실제로) 뺨을 바닥에 대고 엎드린다. 그 전에 할 일이 하나 있다. 막스 브루흐Max Bruch의 '콜 니드라이Kol Nidrei'를 찾아 플레이해야 한다. 연주자는 누구라도 좋지만 이런 날의 감성에는 영국의 첼리스트 재클린 뒤 프레Jacqueline du Pré의 첼로 선율이 적합하다. 이 음악에 담긴 숭고한 뜻은 몰라도 된다. 음악에 귀를 기울이다 보면 우울이라는 감정이 미묘하게 변화되는 것을 느낄 수 있다. 자신을 겸허히 낮추고 모든 것을 받아들일 수 있는 그런 상태가 된다. 우울의 뒷면에는 차분함이라는 덕목이 공존하고 있음을 알게 된다.

12분 정도 되는 음악이 끝나고 나면 가라앉았던 기분은 위로 떠오르는 대신 여전히 낮지만 안정된 상태를 찾게 된다. '침착해진다'는 말이 적합한 기분으로 바뀐다.

우울과 침착은 기분의 위치상으로는 유사성이 있을지 몰라도 방향성은 전혀 다르다. 침착은 말 그대로 가라앉아 바닥에 붙어 있는 모양새이지만 부유하지 않는다. 우울이 조타의 기능을 상실한 채 깊이 가라앉은 감정인 것과는 사뭇 다르다. 우울의 상태에서는 판단력도 흐려질 수밖에 없지만, 침착은 오히려 들뜬 기분의 상태보다 훨씬 안정적인 사고를 할 수 있게 해 준다. 물론 여전히 시니컬한 방향을 가리키고 있긴 하지만, 그건 큰 문제가 되지 않는다. 지나치게 낙관적인 견해나 판단에 대해 상보적 역할을 할 수 있기 때문이다.

개인적으로 중요한 결정을 해야 하는 마지막 순간에는 침착한 기분을 유지하려고 애쓴다. 아이디어를 내는 회의의 초반부나 클라이맥스에서는 긍정적인 감정 상태가 도움이 되지만 들뜬 기분에서 나온 재미있는 아이디어가 실행 가능성이 있는 것인지, 현실적으로 문제가 없는지 판단하기 위해서는 들뜬 기분을 의도적으로 가라앉혀 바닥의 시각으로 아이디어를 바라봐야 하기 때문이다. 침착한 기분이 되면 평소에 보이지 않던 문제점이나 오류가 눈에 들어온다.

뇌가 에너지를 회복할 수 있도록 명상을 생활화하면 '특별한 이유 없이 마음이 지하실에서 나오지 않는' 일이 줄어들지만, 아예 그런 일이 없을 수는 없다. 그런 날, 주변 사람과의 별 의미 없는 잡담이나 생각 없이 웃을 수 있는 예능 프로그램이 도움을 줄 수도 있다. 그런 것들로 인해 가라앉은 기분이 올라올 수 있다면 다행이지만, 대부분의 경우에는 감정의 요요 현상을 경험하게 된다. 잠시 떠올랐던 기분이 도로 (더 깊이) 가라앉아 버린다. 그런 순간이 온다면 굳이 발딱 일어서려고 애쓰지 말아보자. 책장에 시집이 몇 권 있다면 손에 잡히는 대로 한 권 꺼내 펼쳐지는 곳의 시를 읽어보자. 대부분의 시는 침잠의 상태에서 나온 언어들이어서 마음에 더 와닿을 수 있다. 시인의 말들이 우울을 침착으로 정착시키는 데 도움을 줄 것이다. 아니면 굳이 평소에 잘 듣지도 않던 클래식 음악이 아니더라도 곽진언의 '걱정말아요 그대'(김필이 함께 불렀다.)처럼 낮은 키의 적절히 우울한 노래를 들어보자. 왠지 같은 온도를 가진 누군가의 가슴에 뺨을 대고 누운 듯한 편안함을 느낄 수 있을 것이다. 그런 차분함의 상태를 즐기는 것도 명상의 한 방법이다.

부록
당신의 명상을 도와줄 수 있는 것들

1
명상을 시작하는 사람을 위한 책, 『틱낫한 명상』

클래식 음악에 입문할 생각이 있다면 풍월당의 박종호 선생이 쓴 『내가 사랑한 클래식』을, 달리기를 시작할 결심이 필요하다면 무라카미 하루키의 『달리기를 말할 때 내가 하고 싶은 이야기』를 읽으면 좋다.

나의 글을 읽으면서 '명상을 한번 해볼까?'라는 작은 씨앗이 생겼다면 『틱낫한 명상』을 읽어보길 권한다. 평화 운동가이자 세계인들의 정신적 지도자 중 한 사람으로 평가받았던 틱낫한 스님이 말하는 명상의 힘에 대해 들어보면 명상을 시작하게 될 확률이 훨씬 높아질 것이다.

150페이지 정도의 길지 않은 분량이고, 어려운 말로 복잡한 이론을 설명한 것이 아니기 때문에 무난하게 완독할 수 있어 명상 의욕을 고취시키는 데 도움이 되는 책이다.

책 소개를 위해 오랜만에 이 책을 다시 읽어보며 '이거 큰일 났네.'라는 마음이 들 정도로 나의 글이 틱낫한 스님의 것을 가져다 쓴 것 같은 느낌을 받았다. 비교해 읽어보면 알겠지만 문장을 표절하지는 않았다. 하지만 명상 수행을 통해 알게 모르게 그의 생각에 전염된 것만은 분명하다. 고작 7, 8년 명상을 경험한 내가 그의 생각의 일부나마 내 것으로 만들 수 있었다는 것은 명상이 그만큼 단순한 일이라는 뜻일 것이다. 명상은 이해하기 어려운 일이 아니다. 실천이 힘든 일일 뿐이다.

스님이 쓴 책이라는 사실과 중간중간 등장하는 불교적 용어와 개념들 때문에 생길 수 있는 종교적 거부감을 내려놓는 일부터 명상의 시작일 수 있다. 이 책의 원제인 'The Miracle of Mindfulness'와 책 제목 위에 쓰인 '살아가는 모든 순간을 기적으로 바꾸는'이라는 문장은 명상을 쓸데없이 과대 포장하는 느낌이어서 마음에 들지 않지만, 조약돌 하나로 얻는 깨달음과 같이 사소한 것을 기적이라 부르는 것이라면 크게 시비할 일은 아니다 싶다.

이 책이 마음에 들었다면 틱낫한 스님이 쓴 또 다른 책 『화anger』도 읽어보길 권한다. 밑줄 긋고 싶은 문장을 꽤 많이 만나게 될 것이다.

2
명상에 대한 이해를 돕기 위한 욘게이 밍규르 린포체의 책들

수업 시간에 질문을 잘 하는 친구들의 공통적인 특징 중 하나는 예습을 해 온다는 것이었다. 뭘 알아야 물어볼 것이 생기는 것이다. 명상도 마찬가지이다. 관심을 가지고 꾸준히 수련을 하다 보면 궁금한 것들이 생기기 시작한다. 그때쯤 되어 욘게이 밍규르 린포체Yongey Mingyur Rinpoche의 책을 읽기 시작하길 권한다.

욘게이 밍규르 린포체는 티베트 승려이다. 정확히는 욘게이 밍규르가 이름이고 린포체는 직함이다. 린포체는 티베트에서 고승이 사후 환생했다고 인정된 사람에게 붙여지는 대단한 칭호이다. 달라이 라마를 이을 티베트 불교계의 차세대 리더이자 세계적 명상가인 욘게이 밍규르 린포체는 명상에 관한 책을 여러 권 썼다. 그중 내가 읽어본 책은 『세상을 보는 지혜Joy of Living』와 『티베트의 즐거운 지혜Joyful Wisdom』이다.

이 책들은 수필처럼 쉽게 읽히는 내용은 아니지만,

인내심을 갖고 차분히 읽어 나가다 보면 그동안 갖고 있던 명상에 대한 의문의 문이 하나씩 열리는 경험을 하게 될 것이라 확신한다. 두 책 중 『세상을 보는 지혜』 가 욘게이 밍규르 린포체의 첫 번째 책이지만, 두 번째 저서인 『티베트의 즐거운 지혜』를 먼저 읽는 편이 이해하는 데 더 도움이 될 듯하다. 그의 책들은 나에게 명상에 대한 확신은 물론이고 기초적이나마 이론적인 기반을 제공해 주었는데, 두 가지 관점에서 일독을 권하고 싶다.

첫 번째, 욘게이 밍규르 린포체는 어릴 적부터 신경쇠약과 공황장애라는 실제적인 문제를 겪었던 사람이었으며, 아버지를 비롯한 여러 스승으로부터 명상 교육을 받고 꾸준한 수련을 통해 본인의 문제를 해결했다. 그렇기 때문에 지도자의 입장이 아니라 체험자의 입장에서 명상을 설득력 있게 기술하고 있다.

두 번째, 욘게이 밍규르 린포체는 자신이 만났던 의학자나 과학자들과의 교류를 통하여 명상의 힘을 의학적으로 연구하고 규명해, 그 내용들을 책에서 자세히 설명하고 있다. 이를 통해 우리가 겪는 정신적 고통의 원인과 그 해결책으로서의 명상을 과학적으로 이해하는 데 도움을 받을 수 있다.

그의 책을 숙독한다고 해서 당장 명상 전문가가 될 만한 지식을 갖게 되는 것은 아니다. 하지만 책을 덮고 나면 명상이 한 걸음 가까이 다가와 있음을 느끼게 될 것이고, 다른 사람에게 명상의 장점이나 원리에 대해 설명할 수 있게 될 것이다.

3
명상의 수준을 올려줄 책, 『상처받지 않는 영혼』

이 책을 몇몇 사람에게 추천해 주거나 사줬는데 별로 좋은 반응을 받지 못했던 것은 명상에 대한 관심이나 지식이 조금 생긴 뒤에 읽으라는 주의 사항을 말해 주지 않았기 때문인 듯하다. 앞에서 추천한 책들을 다 읽어본 다음에 읽으면 구구절절 마음에 와닿을 확률이 올라갈 것이다.

이 책을 쓴 마이클 싱어Michael A. Singer는 미국 플로리다주의 숲속에 오두막을 짓고 요가와 명상에 몰두하던 은둔자였는데, 그의 팬이었던 오프라 윈프리가 방송을 통해 그를 대중 앞에 등장시켰다. 행복의 조건을 외부에서 찾는 대신 시선을 내면으로 돌려야 한다는 그의 강연은 엄청난 반향을 일으켰고, 방송 직후 이 책은 〈뉴욕타임스〉 베스트셀러 1위에 올랐다고 한다.

개인적으로 이 책을 읽고 마음에 남은 두 단어는 '놓아 보내기'와 '너머로 가기'였다. 아마도 이 책을 처음 읽으며 마음에 와닿지 않는 이유가 바로 놓아 보내지 못하고 너머로 가지 못하는 현재의 마음 때문일 것이다. 아이러니하다. 놓아 보내기와 너머로 가기를 깨닫기 위해 이 책을 읽어야 하는데, 놓지 못한 채 자신이 그어놓은 경계 안에 머물려는 관성 때문에 이 책의 내용이 공감이 되지 않으니 말이다.

이 책의 원제는 'The Untethered Soul'이다. 무엇인가에 묶여 있던 마음의 밧줄을 풀어내는 것이 책 내용의 핵심이라 할 수 있다. (자신은 의식하지 못한 채) 밧줄에 묶여 있는 마음이 밧줄을 풀어내는 것을 방해하는 것이 아닐까 싶다. 묶여 있는 자가 스스로 그 밧줄을 풀어내는 일이 결코 쉽지는 않을 것이다.

그러니 마음의 문이 조금 열린 뒤에 읽어야 한다. 읽고 나면 자신의 명상등급이 몇 단계 올라간 (명상에 실제로 등급이 있는 것은 아니다.) 느낌을 받게 될 것이다. 그리고 이 책의 내용이 어렵고 와닿지 않는다는 사람들을 안타깝게 여기게 될 것이다.

4
명상과 잘 어울리는 음악들

첫 번째는 바흐의 '무반주 첼로 모음곡'이다. 아직 밖이 깜깜하게 얼어붙은 겨울 새벽, 명상하기 전에 이 음악을 튼다. 다른 때 들어도 좋은 명곡이지만, 겨울 새벽 명상을 위한 마음 웜업에 특히 효과가 있다. 연주자에 따른 느낌을 완벽하게 구분할 정도의 내공은 없지만, 개인적으로 파블로 카잘스Pablo Casals의 연주를 좋아한다. 뭔가 투박하면서 날것 같은 느낌의 소리가 명상과 잘 어울린다.

1번부터 차례대로 들어도 좋지만, 그날의 기분에 따라 선곡을 해도 좋다. 개인적으로 마음이 좀 처져 있는 날에는 2번을, 마음이 따뜻한 날에는 6번을 듣는다. 가수 스팅도 내 마음과 비슷했는지 6번의 사라방드를 'You only cross my mind in winter'라는 노래로 만들었다. 이 노래를 명상 전 분위기를 띄우기 위해 틀어도 좋다.

이 음악을 틀어 차가워진 실내의 공기를 덥히는 동시에, 물을 끓여 차를 우리면 이미 명상은 시작된 것이나 다름없다.

바흐의 '골드베르크 변주곡'은 밖이 반쯤 밝아오는 기분 좋은 새벽에 잘 어울린다. 이 역시 많은 피아니스트가 연주했고, 글렌 굴드Glenn Herbert Gould가 명실공히 원조라 할 수 있지만, 아이슬란드의 피아니스트인 비킹구르 올라프손Víkingur Ólafsson의 음반을 좋아한다. 그의 연주는 절제된 감정과 섬세한 터치가 묘하게 균형을 이뤄, 듣다 보면 마음이 절로 튜닝이 되는 느낌이 든다. 30가지의 다양한 변주를 듣는 것은 마치 우리 안에 존재하는 다양한 모습의 자아를 하나하나 꺼내어 관찰하는 것 같은 착각에 빠지게 하기도 한다. 음악에 귀를 기울이는 것만으로도 충분히 마음이 평화로워지니 굳이 자세를 잡고 앉아 좌선을 하지 않아도 온전히 명상의 효과를 얻을 수 있다.

명상과 잘 어울릴 만한 음악을 꼽으라고 할 때 빠질 수 없는 것이 브람스의 '묵상Contemplation'이다. 브람스는 이 음악을 이런 의도로 만들진 않았겠지만, 실연의 아픔으로 며칠쯤 앓다가 '에잇 그까짓 것!' 하면서 툭툭 털고 일어난 어느 아침, 기운을 차리기에 적당하다. 애이불비哀而不悲의 감정과 맞닿아 있는 느낌이다. 이 역시 여러 연주자의 버전이 있지만, 내가 이 음악에서 느끼는 감정선과 가장 잘 어울리는 것은 야샤 하이페츠Jascha Heifetz가 편곡한 버전이 아닐까 싶다.

전체 연주 시간이 3분이 채 안되기 때문에 무한 반복으로 틀어놓고 꽃 향이 살짝 올라오는 에티오피아의 예가체프를 내려 마시면 시들었던 마음에 꽃이 피기 시작할지도 모른다.

명상과 너무 맞는 것 같아 꺼리게 될지도 모르는 음악이 돌아가신 황병기 선생의 가야금 산조이다. 국악에 문외한인 내가 이 음반을 듣게 된 것은 순전히 명상의 덕이었다. 명상을 시작한 지 얼마 되지 않았던 어느 새벽이었던 것 같다. 명상을 하기 위해 차를 내리고, 기분 좋은 향의 인센스에 불을 붙이고 앉았는데 뭔가 부족한 느낌이 들었다. 이 분위기에 어울리는 소리가 있어야 할 것 같았다. 그때 애플뮤직에서 얻어 걸린 음반이 바로 이것이었다. 아직 세상이 깨지 않은 새벽, 차의 온기와 인센스의 향기, 거기에 가야금 연주가 더해지니 별천지가 있다면 이런 곳이겠구나 싶은 생각이 들었다.

국악에 대한 편견을 내려놓고 한번 들어보길 권한다. 마음의 주파수가 가야금에 맞춰지는 순간 묘한 전율을 느끼게 될 것이다.

5
명상하기 좋은 곳들

명상하기 좋은 곳이 따로 있지는 않다. 언제, 어디서든 할 수 있는 것이 명상이다. 가장 좋은 방법은 시간을 정해 놓고 매일 하는 것이다. 혹시 시간을 놓쳤다면 다른 시간을 내서라도, 자리를 잡고 앉아 명상할 시간을 내기 어렵다면 걷기 명상, 운전 명상, 식사 명상 등의 생활 명상을 통해 1일 1명상을 실천하는 것이 최선의 방책이다.

하지만 우리가 살면서 여행을 떠나고 소풍을 가듯 가끔씩 명상에 도움을 줄 수 있는 장소를 찾아가는 것도 필요하다. 방 안에서의 명상과는 또 다른 기운을 받는 느낌이 든다. 실내에서는 느낄 수 없는 공기의 냄새와 질감, 바람과 나뭇잎이 만드는 소리, 그리고 눈앞에 펼쳐진 풍경 같은 것들이 마음에 평화가 찾아오는 시간을 앞당겨 준다.

차 소리와 멀리 떨어진 곳, 풀과 나무가 뿜어내는 좋은 공기가 있는 곳, 사람의 소음으로부터 해방된 곳이라면 어디든 좋다. 어디가 더 좋고 더 낫다는 식의 비교는 의미가 없다. 극히 개인적인 경험을 바탕으로 몇 곳을 추천하려고 한다. 장소 선정의 기준 정도로 삼으면 어떨까 싶다.

서울 사는 사람들에게 추천하고 싶은 첫 번째 장소는 양재 시민의 숲이다. 이곳의 가장 큰 장점은 평지에 넓게 펼쳐진 숲이다. 일단 그림이 된다. 나무들 사이에 요가 매트나 타월을 깔고 앉아 명상을 하기 좋다. 지나다니는 사람도 많지 않고 숲 사이에서 요가나 타이치를 하고 있는 사람들을 종종 발견할 수 있어 남의 눈을 의식하지 않고 명상하기 좋다. 공기도 맑은 편이고 큰 길가이지만 자동차 소음도 적다. 조금만 걸어가면 양재천으로 내려갈 수 있어 러닝이나 워킹과 함께 명상을 즐기기에도 적격이다. 멀지 않은 곳에 건강한 음식을 파는 가게들도 있어 좋은 음식으로 명상을 마무리할 수 있다.

'달리기와 명상' 편에서 소개하기도 했지만, 한강공원 잠원지구에 (스타벅스와 한남대교 사이) 나만의 명상 스폿이 있다. 한강공원은 여러모로 좋은 점이 있지만 명상을 하기에는 사람이 너무 많다는 단점이 있다.

그런데 이곳에는 보행도로에서 한강으로 내려가는 계단에 걸터앉을 수 있는 나무 의자가 있어 사람들의 행렬에서 벗어나 한강을 바라볼 수 있다. 이곳에 앉으면 유유히 흘러가는 한강은 물론이고 가까이 바라보이는 남산을 함께 아우를 수 있어, 임산임수의 명당이다. 명상하기 전에 바로 위쪽 잔디밭에서 간단한 스트레칭을 하는 것도 도움이 된다. 사람이 몰리는 주말에는 피할 것을 권한다.

명상을 시작하기 전부터 월정사 전나무 숲길을 일년에 한두 번은 찾곤 했다. 오대산 월정사 입구에 위치한 이곳은 2킬로미터가량 계속되는 전나무숲만으로도 훌륭한 관광지이지만, 명상을 하고 나서부터는 이 길이 갖고 있는 매력을 더 즐길 수 있게 되었다. 휴가철이나 주말에는 사람이 너무 많이 몰리긴 하지만, 걸음 명상을 하며 이 길을 걷는 동안 만나는 사람들의 얼굴을 보는 것만으로도 충분히 힐링이 된다. 부드러운 흙길을 밟으며 행복해하는 사람들의 얼굴은 좋은 명상의 대상이다. 이곳에서 지나치게 떠들거나 호들갑을 떠는 사람들을 찾아보기 어렵다. 숲길이 주는 기운 덕분일 것이다. 이 길이 가진 또 하나의 매력은 길을 따라

흐르는 계곡물이다. 걸음 명상, 얼굴 보기 명상을 하다 마음이 평온해지면 샛길로 빠져 계곡 근처로 내려간다. 널찍한 바위를 골라 반가부좌를 틀고 앉아 물소리를 들으며 명상을 하면 평생 이런 마음으로 살 수 있을 것 같은 착각에 빠지기도 한다. 물론 잠시이지만.

월정사 전나무 숲길에서 2킬로미터 정도 떨어진 곳에 오대산 자연명상마을이 있다. 이곳은 월정사에서 운영하는 숙박 시설인데, 이름에서도 알 수 있듯이 명상을 위한 곳이다. 모든 방에는 숲으로 통창을 낸 명상 공간이 있고, 당연히 티브이나 오락 시설은 존재하지 않는다. 하루 두 끼 제공되는 식사는 그야말로 '절밥'이다. 하지만 웬만한 절보다 음식의 수준이 높아 기분 좋은 채식을 경험할 수 있다. 이른 아침과 저녁에는 명상이나 요가 수업이 있고, 가까이 있는 월정사와 전나무 숲길까지 산책을 즐길 수 있어 속세를 벗어난 힐링을 맛볼 수 있는 최적의 장소이다. 이런 곳을 찾는 사람이 많을까 싶겠지만, 주말 예약은 하늘의 별 따기이니 서두르는 것이 좋다.

명상이 나에게
내 머릿속 원숭이들과 잘 지내는 일

초판 1쇄 발행 2025년 7월 14일
지은이 이근상
펴낸이 안지선

편집 신정진
디자인 다미엘
마케팅 타인의취향 김경민, 김나영, 윤여준
경영지원 강미연
제작처 상식문화

펴낸곳 (주)몽스북
출판등록 2018년 10월 22일 제2018-000212호
주소 서울시 강남구 학동로4길15 724
이메일 monsbook33@gmail.com

ⓒ 이근상, 2025
이 책 내용의 전부 또는 일부를 재사용하려면
출판사와 저자 양측의 서면 동의를 얻어야 합니다.
ISBN 979-11-992299-2-1 02810

mons
(주)몽스북은 생활 철학, 미식, 환경, 디자인, 리빙 등 일상의 의미와
라이프스타일의 가치를 담은 창작물을 소개합니다.